KRÖNERS TASCHENAUSGABE 218

# Epikur

## Ausgewählte Schriften

Übersetzt und herausgegeben
von Christof Rapp

*Zweite, durchgesehene und ergänzte Auflage*

ALFRED KRÖNER VERLAG STUTTGART

*Epikur*
*Ausgewählte Schriften*
Übersetzt und herausgegeben von Christof Rapp
2., durchgesehene und ergänzte Auflage
Stuttgart: Kröner 2024
(Kröners Taschenausgabe; Bd. 218)
ISBN 978-3-520-21802-5



Druckprodukt mit finanziellem
Klimabeitrag
ClimatePartner.com/12514-2402-1015


Gesamtherstellung: Friedrich Pustet, Regensburg

# Inhalt

# Vorwort

Den Anstoß zu dem vorliegenden Bändchen gab die Überlegung, wie die schon ältere, beim Alfred Kröner Verlag veröffentlichte Ausgabe *Epikur, Philosophie der Freude* des 1964 verstorbenen Klassischen Philologen Johannes Mewaldt auf einen etwas zeitgemäßeren Stand gebracht werden könnte. Da es für eine solche Aktualisierung unumgänglich gewesen wäre, die in diesem Bändchen enthaltene Teilübersetzung von Epikurs *Brief an Herodot* zu vervollständigen und in die Terminologie der bestehenden Übersetzung einzugreifen, entstand die Idee, die ältere Ausgabe durch eine mit Erläuterungen versehene Neuübersetzung zu ersetzen, dabei aber im Wesentlichen den Rahmen der älteren Ausgabe beizubehalten. Die hier versammelten Schriften enthalten den Grundriss der epikureischen Philosophie und eignen sich daher als Einführung in sein Denken. Bei der Textauswahl und Erläuterung wurde ein Schwerpunkt auf Epikurs praktische Philosophie sowie auf die Einbettung der ethischen Überlegungen in seine atomistische Naturphilosophie gelegt.

# Einleitung des Herausgebers

# 1. Zur Einführung

Epikur (341–271/270 v. Chr.) ist eine der großen Figuren der griechischen Philosophie. Er ist der Urheber eines philosophischen Systems, in dessen Mittelpunkt die Frage steht, wie der Einzelne ein glückliches, lustvolles Leben führen kann, das frei ist von seelischer Unruhe und körperlichem Schmerz. Da Epikur annimmt, dass diese Frage nur im Rahmen einer Naturforschung beantwortet werden kann, mit deren Hilfe wir zum Beispiel erklären können, warum bestimmte Befürchtungen der Menschen unbegründet sind, ist für ihn die ethisch moralphilosophische Frage nach dem guten Leben unauflöslich mit der Naturphilosophie verbunden. Seine Naturphilosophie beruht dabei im Wesentlichen auf einer atomistisch-materialistischen Theorie, wie sie vor Epikur vor allem von dem Philosophen Demokrit (etwa 460–380 v. Chr.) vertreten wurde. Die Naturphilosophie wiederum nimmt nicht nur zu den Grundprinzipien der Welt, der Gestalt und Entstehung des Kosmos sowie zu einzelnen Naturphänomenen wie Blitz, Donner, Sonnenfinsternis usw. Stellung, sondern enthält auch eine Theorie über die Beschaffenheit der Seele, das Funktionieren der Sinneswahrnehmung und – aufbauend auf der Theorie der Sinneswahrnehmung – eine Art von empiristischer Erkenntnistheorie.

In der Philosophiegeschichte wird der Name Epikurs vor allem mit seinem Eintreten für ein Leben der Lust (griechisch: *hedonē*) und die Auffassung, dass jede Lust etwas Gutes sei, also mit der Position des sogenannten ›Hedonismus‹, verknüpft. Mit dieser hedonistischen Position wandte sich Epikur dezidiert gegen einige seiner Vorgänger und Zeitgenossen, die, wie er fand, die Lust zu Unrecht schlecht redeten und das Ziel des glücklichen Lebens an unnötig spekulative Voraussetzungen knüpften: Einige überlieferte Äußerungen Epikurs zum Thema der Lust zeigen, dass dies der Themenbereich war, auf dem er die Anhänger der Schule Platons, der Akademie, oder die Anhänger der aristotelischen Schule, des Lykeion bzw. des Peripatos, herausfordern wollte. Dieses konsequente Eintreten für ein Leben der Lust brachte ihm bereits in der Antike erhebliche Kritik ein, die bis zur unsachlichen Diffamierung und Häme reichte; zwei prominente antike Autoren, die sich als Kritiker des Epikur hervortaten, waren zum Beispiel Cicero (106–43 v. Chr.) und Plutarch (um 45–120 n. Chr.). Später wurde diese Kritik von christlichen Philosophen aufgegriffen, die nicht nur Epikurs Hedonismus, sondern vor allem auch seinen Materialismus und seinen Angriff auf die Unsterblichkeit der Seele zum Gegenstand der Kritik machten.

Diese zum Teil unsachlichen Angriffe auf die epikureische Philosophie haben zeitweise den Umstand verdeckt, dass er im Grunde eine sehr moderate Version des Hedonismus vertritt, die vor allem daran interessiert ist, Quellen des körperlichen und seelischen Schmerzes aufzuspüren und zu eliminieren. Da der glückliche Zustand nach Epikur daher in erster Linie durch die Abwesenheit von Schmerz charakterisiert ist, hat man seine Position auch einen ›negativen Hedonismus‹ genannt, der im Unterschied zu anderen Formen von Hedonismus, etwa dem Hedonismus des Aristipp von Kyrene (um 435–355 v. Chr.), nicht auf eine Maximierung des positiven Lustgewinns abzielt. Ein Problem solcher starken Formen des Hedonismus würde Epikur darin sehen, dass wir uns innerlich von den Dingen abhängig machen, die wir dazu benötigen, luxuriöse Bedürfnisse zu befriedigen: Der Zwang zur Beschaffung der erforderlichen Güter und die eingeschränkte Zugänglichkeit einiger Güter würde eine seelische Unruhe verursachen, die dem Ziel der epikureischen Lebensführung gänzlich entgegengesetzt wäre. Daher ist Epikur im Allgemeinen eher an der Reduktion von Bedürfnissen und an dem Genuss einfacher und für das Leben ohnehin notwendiger Dinge gelegen.

Obwohl die verbreitete Diffamierung demnach bisweilen eher einem Zerrbild des Hedonismus als den tatsächlichen Lehren Epikurs galt, darf man die Radikalität des epikureischen Ansatzes nicht unterschätzen: Philosophische Kritiker hatten gegen die These von der Lust als höchstem Gut mit guten Gründen geltend gemacht, dass die gewöhnliche Lustempfindung eine höchst vergängliche Angelegenheit und oft mit Nebenfolgen verbunden ist, die wenig begehrenswert sind. Platon (428/427–348/347 v. Chr.) hatte in seinem Dialog *Gorgias* folgendes Gedankenexperiment vorgeführt: Wenn die Befriedigung unserer Bedürfnisse Lust bedeutet, dann empfinden alle, die ein Bedürfnis haben und in der Lage sind, es zu befriedigen, Lust. Wenn nun aber Lust das höchste Gut wäre, dann müsste derjenige der glücklichste von allen Menschen sein, der von der Hautkrankheit der Krätze befallen ist, daher das dringliche Bedürfnis verspürt sich zu kratzen und tatsächlich in der Lage ist, sich immerzu zu kratzen. Von diesem Typ waren die antihedonistischen Argumente, die unter anderem auch in Platons Akademie durchaus verbreitet waren. Der spätere Platon und Aristoteles (384–322 v. Chr.) versuchten dann vorsichtig, die Lust von dieser Art der Vorverurteilung zu befreien, indem sie erstens zwischen der aus der Befriedigung körperlicher Bedürfnisse resultierenden Lust auf der einen und der mit intellektueller Betätigung und dem Erwerb und der Anwendung von Wissen verbundenen Lust auf der anderen Seite unterschieden und zweitens argumentierten, dass vor allem die letztere Art von Lust, wenn sie mit als gut eingeschätzten Dingen wie der Tugend, dem Wissen oder der philosophischen Betätigung verbunden sei, auch selbst nicht gänzlich schlecht sein könne.

Epikur dagegen geht diese vorsichtige Rehabilitierung der Lust längst nicht weit genug: Er argumentiert, dass alles, was für uns Bedeutung habe, in der Empfindung liege und alles Gute in der Empfindung von Lust begründet sei, so dass auch die von den Philosophen traditionell hochgeschätzten Dinge wie Wissen, Philosophie und Tugend nur dann einen Wert für uns hätten, wenn sie mit einer Lustempfindung verbunden seien. Umgekehrt, sagt Epikur, gebe es an keiner Lust als solcher etwas auszusetzen, auch nicht an den Lüsten des Körpers und an der Lust, die mit Befriedigung körperlicher Bedürfnisse einhergeht. Das alles bedeutet nicht, dass Epikur Güter wie Tugend, Gerechtigkeit, Freundschaft usw. ablehnen würde –

er unternimmt sogar große Anstrengungen, um zu zeigen, warum diese für uns wichtig sind –, es bedeutet aber, dass diese nicht an sich wertvoll oder gut sind, sondern dass ihre Bedeutung nur durch ihren Beitrag zur Lustempfindung bestimmt werden kann. Auf diese Weise entwickelt Epikur eine durchaus radikale philosophische Position, die in der Geschichte der Philosophie oft kritisiert und diffamiert wurde, die aber auch immer wieder Freunde und glühende Anhänger fand.

## 2. Das Leben Epikurs

Epikurs Wirken fällt in die Anfänge des sogenannten hellenistischen Zeitalters, das man gemeinhin mit dem Tod Alexanders des Großen im Jahr 323 v. Chr. beginnen und mit der Auflösung des Ptolemäerreichs in Ägypten im Jahr 30 v. Chr. enden lässt. Philosophiehistorisch läuft der durch den Hellenismus markierte Einschnitt darauf hinaus, dass die Phase der klassischen griechischen Philosophie mit Platon und Aristoteles als wichtigsten Repräsentanten durch neue philosophische Systeme abgelöst wurde: Die drei wichtigsten Strömungen der hellenistischen Epoche sind die stoische Philosophie, die epikureische Philosophie sowie die pyrrhonische Skepsis. Das Aufkommen dieser Schulen bedeutet nun nicht, dass der Einfluss der platonischen und aristotelischen Philosophie damit einfach beendet gewesen wäre. Die Schulen beider Philosophen, die Akademie und der Peripatos, waren auch im Hellenismus noch einflussreich und setzten die entsprechenden Traditionen fort, modifizierten aber die Lehren Platons und Aristoteles' unter dem Einfluss der neu entstandenen Fragen und Konkurrenten auf zum Teil unorthodoxe Weise. Obschon die hellenistischen Schulen also keinen völligen Neubeginn markieren, sondern auf die eine oder andere Weise an die Philosophen der klassischen und vorklassischen Zeit anknüpften, ist doch eine programmatische Abwendung von bestimmten Grundsätzen der philosophischen Vorgänger für alle diese Schulen kennzeichnend. Zum Beispiel meinten sowohl die Stoiker als auch die Epikureer eine radikale Alternative zum Leib-Seele-Dualismus formulieren zu müssen, den sie bei Platon und Aristoteles für gegeben sahen. Epikur im Besonderen wandte sich im Großen wie im Kleinen gegen zahlreiche Überzeugungen der platonisch-aristotelischen Tradition, und er tat das zum Teil, indem er Anleihen bei der vorklassischen Zeit, besonders bei dem Vorsokratiker Demokrit, nahm.

Ob es außer dieser allgemeinen Tendenz zur Absetzung von der klassischen Tradition ein einigendes Merkmal aller hellenistischen Schulen gab, ist eine Frage, an deren Beantwortung sich viele Philosophiehistoriker versucht haben. Oft genannt wird der allen gemeinsame Zug zur Individualisierung, der besonders dann deutlich hervortritt, wenn man annimmt, dass für Platon und Aristoteles das Leben in der Polis noch eine größere Rolle spielte und die Frage nach dem richtigen und guten Leben des Einzelnen unauflöslich mit dem Gedeihen des ganzen Gemeinwesens verbunden war. Dafür, dass das Leben in einer wohlgeordneten Polis zu der Zeit, als die hellenistischen Schulen im Entstehen begriffen waren, nicht mehr zum Maß aller Dinge gemacht wurde und dass man mehr und mehr das Wohlergehen des unabhängig agierenden Einzelnen in den Mittelpunkt rückte, lassen sich einige, zumindest begünstigende Faktoren im politischen Umfeld dieser Zeit festmachen: Im Laufe des vierten Jahrhunderts v. Chr. wurde das Selbstbewusstsein gerade des Athener Staates beständig auf die Probe gestellt; durch den Vormarsch der Makedonier verlor Athen an politischem Einfluss und die Bindungskräfte der etablierten Stadtstaaten nahmen im Allgemeinen ab. Zu dieser längerfristigen Entwicklung kam gegen Ende des vierten Jahrhunderts die politische Unsicherheit hinzu, die nach dem Tod Alexanders die Phase der sogenannten Diadochenkämpfe (323–280 v. Chr.) kennzeichnete. Dass solche Zeiten des politischen Umbruchs die Besinnung auf das Glück des Einzelnen eher begünstigen als Phasen der politischen Stabilität, ist zumindest nicht unplausibel, wenngleich die oft bemerkte Tendenz zur Individualisierung – wenn dies überhaupt eine aussagekräftige Kategorie ist – auch die Reaktion auf bestimmte innerphilosophische Debatten darstellen könnte.

Epikurs Eltern stammten aus einem angesehenen Athener Geschlecht und ließen sich gut zehn Jahre vor der Geburt des Philosophen als Kolonisten auf der Insel Samos nieder. Dort wurde im Jahr 341 v. Chr. auch Epikur geboren; er hatte drei Brüder: Neokles, Chairedemos und Aristoboulos. Nach einer Quelle soll er sich bereits mit 12 Jahren, nach einer anderen Quelle mit 14 Jahren für Philosophie begeistert haben; den Elementarunterricht habe er verlassen, weil der Lehrer nicht imstande gewesen sei, das Chaos bei Hesiod zu erklären. Zuerst soll er daraufhin Schüler des Platonikers Pamphilos geworden sein, dessen Lehren ihm aber nicht zusagten. Daraufhin ging er nach Teos und wurde für drei Jahre Schüler von Nausiphanes, der die Philosophie des Atomisten Demokrit lehrte und ein Freund von Pyrrhon von Elis (ca. 360–270 v. Chr.), dem Begründer der pyrrhonischen Skepsis, war. In den Jahren 323/322 v. Chr. kam Epikur erstmals nach Athen, um dort seinen Militärdienst abzuleisten. Dort soll er den Platoniker Xenokrates (396–314 v. Chr.) gehört haben, der nach dem Tod Speusipps die von Platon gegründete Akademie leitete. Auch Aristoteles müsste sich zu dieser Zeit noch in Athen aufgehalten haben, jedoch ist nichts über eine Begegnung Epikurs mit Aristoteles bekannt. In derselben Zeit verlor Athen im Lamischen Krieg, einer der ersten Reaktionen auf den Tod Alexanders, die Herrschaft über Samos, so dass Epikurs Eltern in das ionische Kolophon flüchten mussten, wohin ihnen Epikur nach seiner Ephebenzeit in Athen folgte. Wie lange er dort blieb und wo genau er sich in den folgenden zehn Jahren aufhielt, ist ungewiss; er könnte im relativ nahe gelegenen Teos den Kontakt zu seinem Lehrer Nausiphanes wieder aufgenommen haben. Berichtet wird, dass Epikur sich in Mytilene auf Lesbos und in Lampsakos, der Heimat des Naturphilosophen Anaxagoras (ca. 500–428 v. Chr.), aufgehalten haben soll. Sicher ist davon auszugehen, dass er in diesen Jahren bereits die Grundzüge seines späteren Systems entwickelt und eine Lehrtätigkeit aufgenommen hat.

Spätestens ab 310 v. Chr. hatte Epikur eine eigene Schule in Lampsakos, und man kann in einigen Fällen nachvollziehen, wer sich ihm in dieser Zeit als Schüler angeschlossen hat. Wahrscheinlich im Jahr 306 v. Chr. siedelte er dann nach Athen über, erwarb ein Gartengrundstück und richtete dort seine Schule ein; das griechische Wort für ›Garten‹, *kēpos*, gab der Schule ihren Namen. Noch aus der Zeit in Lampsakos hatte die Schule Epikurs einflussreiche Anhänger und Gönner, so dass die Kosten für das Leben dort größtenteils aus Spenden finanziert werden konnten. Die Mitglieder des Kepos bildeten eine enge Lebensgemeinschaft; unter ihnen gab es auch zahlreiche Frauen.[1] Den Kontakt zu Schülern außerhalb von Athen pflegte Epikur durch zahlreiche Briefe. Epikur starb 271/270 v. Chr. in Athen. Noch am Tag seines Todes soll der bei Diogenes Laërtios überlieferte Brief an Idomeneus (DL X, 22 = Usener 138) entstanden sein, in dem er von großen Schmerzen berichtet, denen allerdings die Freude über frühere Gespräche entgegenstehe. Ebenfalls bei Diogenes Laërtios ist Epikurs Testament überliefert, in dem er für die Zukunft des Kepos und seiner Mitglieder Sorge trägt.

Welche Rückschlüsse kann man von diesen biographischen Daten auf die philosophischen Quellen Epikurs ziehen? Deutlich ist, dass er durch seinen Lehrer Nausiphanes mit den Lehren Demokrits in Berührung kam; durch denselben Lehrer dürfte er auch von dem Wirken des Skeptikers Pyrrhon gewusst haben. Bezeugt werden ferner zwei Begegnungen mit der Schule Platons, einmal auf Samos durch den Lehrer Pamphilos und einmal in Athen, wo er das Oberhaupt der platonischen Akademie Xenokrates hörte. Entsprechende Berührungen mit Aristoteles und dem Aristotelismus sind nicht belegt, es sei denn, man wollte der Nachricht glauben schenken, Epikur habe sich nach seinem ersten Athenaufent-

1 Zum Leben im Kepos siehe Erler 1994, 205–215; zu den namentlich bekannten Frauen im Kepos siehe ebd. 287–288.

halt für eine gewisse Zeit dem Aristoteliker Praxiphanes angeschlossen.

Lange Zeit herrschte in der Literatur über Epikur die Vorstellung vor, Epikurs Leistung sei es, den Atomismus Demokrits, dem eine systematische Ethik fehlte, mit einer dem materialistisch-monistischen Weltbild adäquaten Ethik versehen zu haben, wobei er sich für Letztere des Hedonismus des Aristipp von Kyrene, des Oberhauptes der sogenannten Kyrenaiker, bedient habe; wann und wo Epikur in Kontakt mit den Lehren des Aristipp gekommen sein soll, ergibt sich jedoch aus den biographischen Daten nicht. Auch sonst bedarf das geschilderte Bild in verschiedener Hinsicht einer Differenzierung: Erstens vertritt Aristipp eine Art von Hedonismus, die sich von den Auffassungen Epikurs deutlich unterscheidet; ein schon in den antiken Berichten hervorgehobener Unterschied besteht darin, dass Epikur nur zwei Arten von Empfindung, Lust und Schmerz, anerkennt, während Aristipp zwischen Lust und Schmerz einen dritten Zustand setzt, so dass er die Lust nicht einfach durch die Abwesenheit von Schmerz definieren kann. Zweitens bietet sich auch noch ein weiterer Autor als Vorbild für den epikureischen Hedonismus an, nämlich Eudoxos von Knidos (398–345 v. Chr.); dessen Argumente zugunsten der Lust wurden in der Akademie Platons intensiv diskutiert: Platons direkter Nachfolger in der Leitung der Akademie, Speusipp, tat sich als Kritiker von Eudoxos' Hedonismus hervor, und den Nachfolger von Speusipp wiederum, Xenokrates, scheint Epikur noch leibhaftig erlebt zu haben. Außerdem geben Aristoteles' Schriften zur Ethik eine ausführliche Zusammenstellung der Argumente von Gegnern und Befürwortern des Hedonismus. Drittens hat die neuere Forschung gezeigt,[2] dass auch schon Demokrit Ansätze zur Ethik vertrat, die etwa über den gemeinsamen Lehrer von Pyrrhon und Epikurs Lehrer Nausiphanes, Anaxarchos (gestorben um 320 v. Chr.), zu Epikur gelangt sein könnten.

2 Siehe hierzu vor allem Warren 2006.

## 3. Grundzüge der Philosophie Epikurs

Epikurs Philosophieren dreht sich letztlich um die Frage, wie wir einen Zustand erreichen können, den er als *ataraxia* beschreibt und der in der Abwesenheit von Beunruhigung jeglicher Art besteht. Um diesen Zustand zu erreichen, ist es zunächst elementar, herauszufinden, woher die störenden, beunruhigenden Faktoren rühren und wie man sich von ihnen befreien kann. Im Grunde identifiziert er drei solcher Faktoren: erstens die Furcht vor den Göttern, zweitens die Furcht vor dem Tod und drittens eine Art von Unkenntnis hinsichtlich der Natur und der Grenzen von Lust und Schmerz. Über diese Faktoren aufzuklären, ist das Ziel seiner Philosophie; diese Aufklärung über die tatsächlichen Begebenheiten im Hinblick auf Götter, Tod sowie Lust und Schmerz soll dazu führen, dass wir uns von den betreffenden Befürchtungen oder Beunruhigungen befreien können: Indem wir die Dinge erkennen und richtig verstehen lernen, überwinden wir die entsprechenden Befürchtungen und Beunruhigungen, die, wie gesagt, die wichtigste Hürde für das glückliche Leben im Zustand der *ataraxia* darstellen. Man könnte daher erstens davon sprechen, dass Epikur seine Philosophie vor allem als eine Art von Therapie ansieht, und man könnte zweitens sagen, dass diese Therapie primär auf kognitive Weise vonstatten geht, indem sie uns z. B. über die wahre Natur der Götter belehrt, uns damit zeigt, dass die Furcht vor ihnen unbegründet ist und dadurch diese Furcht zum Verschwinden bringt; oder indem sie uns zeigt, dass die Furcht vor dem Tod unbegründet ist, so dass wir, indem wir verstehen, dass es keinen Anlass zur Furcht vor dem Tod gibt, auch aufhören, die entsprechende Furcht zu empfinden.

### *Die ›vierfache Medizin‹*

Obschon sich die Befreiung von den wesentlichen Beunruhigungen der Seele also in erster Linie auf kognitive Weise vollziehen soll, scheint Epikur gedacht zu haben, dass es im Hinblick auf die wichtigsten Lehrsätze seines philosophischen Systems nicht genügte, ein einziges Mal davon gehört zu haben. In seinen Lehrbriefen ermahnt er vielmehr die Adressaten, das Gehörte beständig zu wiederholen und einzuüben; offenbar glaubt er, dass die entsprechenden Lehrsätze nur durch eine solche Wiederholung und Einübung den von ihnen erwarteten Effekt bewirken, nämlich uns von den betreffenden Befürchtungen und Beunruhigungen zu befreien. Aus diesem Grund ist es Epikur auch ein Anliegen, kurze Abrisse seiner Lehren zu geben und sie auf wenige Kernsätze zu verdichten, so dass es leichter fällt, diese im Gedächtnis zu behalten und sie im täglichen Leben anzuwenden. Der bekannteste Versuch einer solchen Verdichtung seiner Lehren stellt die sogenannte ›vierfache Medizin‹ (*tetrapharmakos*) dar: Der Inhalt der Tetrapharmakos ist ausführlich in den ersten vier Hauptlehrsätzen (KD I–IV) dargelegt; zahlreiche andere Stellen im überlieferten Werk Epikurs beziehen sich indirekt auf diese (KD X, XI; Men. § 133); der Ausdruck einer vierfachen ›Medizin‹ spielt direkt auf die therapeutische Absicht dieser Hauptlehrsätze an. Die zum Auswendiglernen und Repetieren gedachte Kurzform der vierfachen Medizin ist in den in Herkulaneum gefundenen Papyrusrollen überliefert, sie lautet:[3]

> Gott braucht man nicht zu fürchten. Der Tod ist ohne Empfindung. Das Gute ist leicht zu beschaffen. Das Schreckliche ist leicht zu ertragen.

Wenden wir uns kurz den verschiedenen Punkten im Einzelnen zu:

### *Furcht vor den Göttern und den Himmelserscheinungen*

Epikurs Theologie oder Lehre von den Göttern lässt sich auf einen einfachen Punkt bringen: Götter gibt es, sie sind unver-

3 Nach Usener, S. 69; vgl. auch LS 25 J.

gänglich und selig.[4] Diese Eigenschaften, sagt Epikur, sind uns durch den allgemeinen Begriff der Götter gegeben, was wohl ungefähr so zu verstehen ist, dass wir uns Götter ohne diese Merkmale gar nicht denken können. Das Problem ist nun allerdings, dass die Menschen gewohnt sind, den Göttern dennoch Eigenschaften zuzuschreiben, die mit ihrer Unvergänglichkeit und Seligkeit unvereinbar sind; im Besonderen wäre es nach Epikur widersprüchlich, einem solchen Wesen Affekte wie Zorn oder Dankbarkeit zuzuschreiben (KD I; Her. § 77). Was wir aber fürchten, wenn wir die Götter fürchten, so scheint Epikur zu unterstellen, sind eben solche emotionalen, gegen uns gerichteten Reaktionen der Götter, wenn wir etwa meinen, wir hätten möglicherweise ihren Zorn erregt oder wir hätten es versäumt, sie dankbar und wohlwollend zu stimmen. Wenn solche Reaktionen jedoch, wie Epikur lehrt, mit der Würde eines unvergänglichen Wesens unvereinbar sind, dann können wir davon ausgehen, dass die Götter sich um die Belange des Menschen gar nicht kümmern, und wenn sich das so verhält, dann gibt es auch keinen Anlass zu denken, sie wollten sich an uns rächen oder uns für unsere Taten bestrafen usw.

Mit der Furcht vor den Göttern eng verknüpft ist die Furcht vor den Himmelserscheinungen, was naheliegt, wenn die Himmelskörper selbst als göttlich betrachtet werden oder einige der astronomischen und meteorologischen Erscheinungen als Ausdruck von göttlichen Interventionen aufgefasst werden. An verschiedenen Stellen (z. B. KD X, XI) nimmt die Furcht vor den Himmelserscheinungen bei Epikur daher geradezu den Platz der Furcht vor den Göttern ein. Es ist nun Aufgabe der Naturforschung, die Ursachen der Himmelserscheinungen zu erkunden (Her. § 78), um so die Furcht vor ihnen zu beseitigen; Epikur bezeichnet die Beseitigung der entsprechenden Furcht sogar als den einzigen Zweck der Erforschung von Himmelserscheinungen:

4 Zu Epikurs Theologie siehe Lemke 1973, Sedley 2009 sowie das unter LS 23 versammelte Material.

> Zuerst also muss man annehmen, dass es kein anderes Ziel gibt des Wissens über die Himmelserscheinungen … als die Freiheit von Beunruhigung (*ataraxia*) und eine feste Überzeugung. (Pyth. § 85)

Dabei unterscheidet er genau zwischen Feststellungen über das Unvergängliche, das sich niemals anders verhalten könne, und der Untersuchung von einzelnen astronomischen und meteorologischen Phänomenen, bei denen wir auf mehrere und unterschiedliche Ursachen stoßen könnten. Für das Ziel, die Beunruhigung über diese Dinge zu beseitigen, komme es nicht darauf an zu wissen, welche Ursache denn nun die maßgebliche sei (Pyth. § 87; Lukrez V, 509–533); wichtiger sei es überhaupt zu wissen, dass es eine Ursache gebe, die mit den Phänomenen übereinstimme, und die betreffende Himmelserscheinung nicht auf die Stimmungen der Götter zurückzuführen.

## *Furcht vor dem Tod*

Die Furcht vor dem Tod oder, allgemeiner gesagt, die Beunruhigung, die wir in Anbetracht unserer Sterblichkeit empfinden, scheint für Epikur das wichtigste Hindernis für die angestrebte Seelenruhe zu sein. Bisweilen haben seine Schilderungen dieser Furcht dabei etwas recht Banales an sich, wenn es ganz konkret darum geht, dass sich Menschen vor dem Tod fürchten, weil sie meinen, nach dem Tod wäre ihre Seele einem ewigen Schrecken oder Strafen ausgesetzt, wie sie in der traditionellen Mythologie geschildert werden. Jedoch findet sich im Zuge von Epikurs Diskussion der Furcht vor dem Tod auch eine ganz andere Ebene: In erster Linie scheint es ihm darum zu gehen, dass die falsche Einstellung des Menschen zum Tod eine grundlegende Beunruhigung der Seele erzeugt. Dieser könne man nur entgehen, indem man das Faktum der Sterblichkeit anerkenne und sich keinen Spekulationen über ein mögliches Weiterleben der Seele hingebe; dies sei auch die Bedingung dafür, dass wir unser Leben nüchtern einrichten könnten (siehe auch GV 33), statt bewusst oder unbewusst nach der Unsterblichkeit zu streben (Men. § 124). Der Epikureer Lukrez (etwa 96–55 v. Chr.) entwickelt diesen Gedanken fort, indem er zeigt, dass Rastlosigkeit und Ambitioniertheit als unbewusster Ausdruck dieses Strebens nach Unsterblichkeit gewertet werden können (Lukrez III, 1053–1094). Die nüchterne Erkenntnis hingegen, dass der Tod von Körper und Seele unausweichlich ist, jedoch keinerlei Bedeutung für den Menschen hat, solange er lebt, soll die Furcht vor dem Tod auflösen und auch das gegenstandslose Streben nach Unsterblichkeit beseitigen. Erst wenn dieses beseitigt ist, meint Epikur, können wir das Leben wirklich genießen.

Epikurs wichtigstes Argument gegen die Furcht vor dem Tod geht von der Annahme aus, dass das Totsein für den Menschen die Aufhebung und Abwesenheit von Empfindung darstellt. Gemäß seinem sensualistischen Grundsatz aber, dass das Gute und Schlechte stets in der Empfindung liegt – das heißt letztlich, dass nichts gut oder schlecht ist außer Lust und Schmerz –, bedeutet die Abwesenheit von Empfindung nach dem Tod, dass dieser jedenfalls nichts Schlechtes für uns sein kann: Solange wir (d. h. unsere Empfindungen) da sind, sagt Epikur, ist der Tod nicht da, und wenn der Tod da ist, sind wir (d. h. unsere Empfindungen) nicht mehr da, so dass der Tod uns nichts angeht. Hiergegen könnte man einwenden, dass man immer noch jetzt, solange man lebt und Empfindungen hat, den künftigen Tod fürchten kann – jedoch wäre das für Epikur eine leere Furcht, weil das, was uns keinen Schmerz bereitet, wenn es gegenwärtig ist – der Tod –, uns auch keinen Schmerz zu bereiten braucht, wenn wir es uns als etwas künftig Eintretendes vorstellen (Men. § 125).[5]

## *Sterblichkeit der Seele*

Die Bekämpfung der Furcht vor dem Tod ist ein gutes Beispiel dafür, dass bei Epikur das praktische Anliegen, die Frei-

5 Zur Furcht vor dem Tod im Epikureismus siehe die Studie von James Warren (2005).

heit von der Beunruhigung der Seele zu erlangen, nicht vom philosophischen Gesamtsystem zu trennen ist, denn die Annahme, dass der Tod lediglich den Zustand der Empfindungslosigkeit darstellt, bliebe für Epikur eine weiter nicht belastbare Hypothese, solange sie nicht in das gesamte atomistische Weltbild eingebettet wäre: Diesem zufolge besteht die Seele, wie alles, was existiert und kausal wirksam sein kann, aus Atomen; die Seelenatome sind dem Atomaggregat beigemischt, welches ein Lebewesen ausmacht. Wenn nun das Lebewesen stirbt und sich das Gesamtaggregat auflöst, dann verstreuen sich auch die Seelenatome (Her. § 65), so dass sich auch die Seele auflöst und damit ihre Wahrnehmungs- und Empfindungsfähigkeit verliert. Die Plausibilität dieser Erklärung der Seele wiederum hängt von der Plausibilität und Konsistenz des gesamten atomistischen Rahmens ab – und nur wenn man diesen als Ganzen erfasst hat, wird man auch feste Überzeugungen über die Natur der Seele ausbilden, die uns wiederum davon abhalten werden, ein Weiterleben und Weiterempfinden der Seele für möglich zu halten. Der Epikureer Lukrez versucht diese Einsicht noch weiter abzusichern, indem er etwa 30 Beweise für die Sterblichkeit der Seele entwickelt (III, 417–829).

Auch die Beweise für die Sterblichkeit der Seele sollen uns selbstverständlich von der Furcht vor dem Tod befreien, indem wir durch sie erkennen sollen, dass uns außerhalb des irdisch-körperlichen Lebens nichts zustoßen kann, weil wir dafür eine empfindungsfähige Seele bräuchten, die aber ohne Körper nicht existieren kann. Dass wir die Furcht vor dem Tod verlieren sollen, indem wir uns immer wieder die Sterblichkeit der Seele vor Augen führen, ist dabei eine geradezu ironische Umkehrung der Verhältnisse bei Platon, der in seinem Dialog *Phaidon* über die Furcht und Trauer der Gefährten von Sokrates im Hinblick auf dessen bevorstehenden Tod handelt und im Zuge dessen zur Überwindung von Trauer und Furcht gerade Beweise für die *Unsterblichkeit* der Seele vorführen lässt. Auch Lukrez scheint sich (wie offenbar schon Platon) darüber im Klaren zu sein, dass die Furcht vor dem

Tod sehr tief in den Menschen verwurzelt ist und nicht durch eine einzige Beweisführung ein für allemal überwunden werden kann; er empfiehlt daher über seine Beweisführung hinaus einige Übungen zu betreiben, durch die man die wiederkehrende Furcht vor dem Tod in den Griff bekommen könne: Zum Beispiel solle man sich vorstellen, wie viele andere Menschen schon vor einem selbst gestorben und um wie viel bedeutender einige dieser Menschen – z. B. Könige, Weise und Philosophen – gewesen seien (III, 1024–52). Oder wir sollten uns fragen, ob unser bisheriges Leben zu unserer Zufriedenheit verlaufen sei; wenn ja, so Lukrez, dann könnten wir doch zufrieden aus dem Leben scheiden, wenn nein, warum sollten wir erwarten, dass der Rest unseres Lebens erfreulicher verlaufe? (III, 931–977; vielleicht im Anschluss an Überlegungen wie in Epikur, KD XIX).

### *Grenzen der Lust und des Schmerzes*

Nach Epikur tragen Philosophie und Naturforschung auch dazu bei, die Natur und die Grenzen von Lust und Schmerz zu erkennen; in KD XI ist sogar davon die Rede, dass wir die Naturforschung gar nicht bräuchten, wenn sie uns nicht helfen würde, die Furcht vor dem Tod und den Himmelserscheinungen loszuwerden und die Grenzen von Schmerz und Begierden zu erfassen. In der schon zitierten Kurzformel der ›vierfachen Medizin‹ heißt es nun im Hinblick auf Lust und Schmerz, dass die Lust leicht zu beschaffen und der Schmerz leicht zu ertragen sei; die Lehrsätze III und IV der KD führen diese Formeln wie folgt aus: Im Hinblick auf die Lust sagt Epikur, dass die Grenze der Stärke von Lust die Beseitigung von jeglicher schmerzlichen Empfindung sei. Damit bezieht er in einer wichtigen innerhedonistischen Kontroverse Stellung, nämlich in der Kontroverse, ob man zwischen Lust und Schmerz einen dritten neutralen Zustand annehmen müsse oder nicht: Offenbar weist Epikur das dreiteilige Modell zurück, indem er die Lust direkt aus der Abwesenheit von Schmerz definiert (siehe dazu Test. 14). Wenn er dabei behauptet, diese Abwesenheit sei die Grenze der Lust, räumt er zudem ein, dass es über diesen von seelischer Unruhe und körperlichem Schmerz freien Zustand hinaus nichts Größeres zu erstreben gebe. Diese These ist bei Epikur eingebettet in verschiedene Erwägungen dazu, dass sich von einem bestimmten Punkt an die Lust nicht mehr steigern lasse, sondern nur noch verändere (siehe dazu KD XVIII und Test. 15).

Wie passen diese Überlegungen aber nun zu der Formel, dass die Lust ›leicht zu beschaffen‹ sei? Zumindest ein Zusammenhang ist darin zu sehen, dass der lustvolle Zustand, der aus der Beseitigung des Schmerzes resultiert, nach Epikur keiner aufwendigen und damit schwer zu beschaffenden Güter bedarf, sondern im Wesentlichen durch die Befriedigung der Grundbedürfnisse (siehe dazu KD XXI) sowie durch die kognitiv vollzogene Überwindung der Furcht zustande kommt; Ersteres erfordert einen recht geringen, Letzteres einen größeren intellektuellen Aufwand, der aber jederzeit in unserer Verfügung steht, so dass die entsprechende Lust ›leicht zu beschaffen‹ ist, insofern sie verfügbar ist. Außerdem gibt es bei Epikur Hinweise darauf, dass wir uns Lust durch die dankbare Erinnerung an frühere Freuden verschaffen könnten; diese Art von Lust ist für uns tatsächlich jederzeit verfügbar.

Wenn zu dem angestrebten lustvollen Zustand aber auch die Abwesenheit von körperlichem Schmerz gehört, was kann der Philosoph hierzu überhaupt raten? Zunächst scheint Epikur der Ansicht zu sein, dass viele Arten von Beschwerden die Folgen einer ausschweifenden Lebensweise sind; daher sei bei allen Entscheidungen auch zu bedenken, ob eine bestimmte Handlungsweise auch unserer Gesundheit zuträglich sei (Men. § 128). In diesem Zusammenhang formuliert Epikur auch das wichtige Theorem, dass zwar jede Lust gut, aber nicht jede Lustempfindung wählenswert sei, nämlich dann nicht, wenn man von ihr annehmen könne, dass sie schmerzliche oder den Körper beeinträchtigende Nebenfolgen habe (Men. § 129). Dennoch glaubt Epikur natürlich nicht, dass jede Art von körperlichem Schmerz durch richtige Lebensführung vermieden werden kann. Für den unvermeidbaren körperlichen Schmerz hat er im Grunde nur die Beruhigung zur Hand, dass der wirklich heftige körperliche Schmerz nur kurze Zeit andauere, während mäßiger Schmerz nicht länger als einige Tage währe und längerfristige körperliche Gebrechen durch Lustempfindungen gleichsam aufgewogen werden könnten (KD IV, GV 4): In seinem berühmten Brief an Idomeneus, von dem es heißt, er sei am letzten Tag in Epikurs Leben verfasst worden, schildert der Philosoph auf der einen Seite die nicht mehr zu steigernde Heftigkeit der Schmerzen, denen er ausgesetzt sei, betont aber auf der anderen Seite, dass dieser Schmerz von der freudigen Erinnerung an frühere gemeinsame Gespräche aufgewogen werde. Auch sonst betont Epikur den lustvollen Charakter der ›dankbaren Erinnerung‹ an frühere lustvolle Ereignisse, und er verbindet diese besonders auch mit dem fortgeschrittenen Lebensalter (GV 17). Im Umgang mit dem körperlichen Schmerz deutet sich also die Tendenz an, dass dieser unter Umständen durch lustvolle Ereignisse kompensiert werden kann, etwa durch die Lust der Erinnerung an Früheres.

## *Begierden und praktische Vernunft*

Zu der Aufklärung über die Grenzen der Lust, durch die uns die Naturforschung zum Zustand der *ataraxia* verhelfen kann, gehört noch die Unterscheidung verschiedener Arten von Begierden; für die praktischen Entscheidungen, für das alltägliche Meiden und Wählen, sei es nämlich wichtig, die Natur der verschiedenen Begierden zu erkennen: Unbefriedigte Begierden ebenso wie die Befriedigung unnötiger Begierden – wenn sie sich etwa auf schwer zu beschaffende Dinge richten oder sogar Gefahr laufen, schmerzliche Folgen herbeizuführen – sieht Epikur als Quelle seelischer Unruhe. Er unterscheidet daher zwischen ›natürlichen‹ Begierden auf der einen und ›leeren‹ auf der anderen Seite (Men. § 127), wobei Letztere solche Begierden seien, die wie die unberechtigte Furcht auf falschen Meinungen beruhten und daher durch Beseitigung der falschen Meinung ebenfalls beigelegt werden könnten, ohne dafür befriedigt werden zu müssen. Bei den natürlichen Begierden unterscheidet Epikur weiter in solche, die ›notwendig‹ sind, und solche, die es nicht sind: Notwendig sind nach KD XXVI diejenigen Begierden, die zu Schmerzen führen, wenn sie nicht gestillt oder befriedigt werden; ›notwendig‹ kann eine Begierde außerdem im Hinblick auf das Glück, im Hinblick auf die körperliche Gesundheit oder im Hinblick auf das Überleben sein.

Diese Einteilungen legen nun sogleich eine Hierarchisierung der verschiedenen Begierden nahe: Zuerst müssten die notwendigen und dann erst die nicht-notwendigen Bedürfnisse bedient werden, und Letztere sollten überhaupt nur dann bedient werden, wenn sie keine Schmerzen als Nebenfolgen herbeiführen und keine zusätzliche Beunruhigung bedingen:

> An alle Begierden muss man die folgende Frage richten: Was wird mir widerfahren, wenn das Ziel der Begierde erreicht ist? Und was, wenn es nicht erreicht ist? (GV 71)

In GV 51 wird dieser Grundsatz am Beispiel des Sexualtriebes durchgespielt: Wenn dessen Befriedigung kein Gesetz verletzt, niemanden schädigt, keine Ressourcen vergeudet, uns selbst nicht schwächt – warum sollte man sich dann nicht die entsprechende Befriedigung verschaffen? Jedoch:

> Freilich ist es nicht machbar, nicht wenigstens gegen eine dieser Bedingungen zu verstoßen, die erotische Vergnügung hat nämlich noch nie jemandem genutzt, man muss sogar froh sein, wenn sie nicht geschadet hat.

Im Umgang mit den Begierden müssen wir daher sehr sorgfältig kalkulieren, ob der in Aussicht stehende Lustgewinn in einem ausgewogenen Verhältnis zu möglichen Schädigungen oder Beunruhigungen steht. Für Epikur kommt es deshalb darauf an, dass solche Entscheidungen von der vernünftigen Überlegung und der Tugend der praktischen Vernunft (*phronēsis*) gelenkt werden; Letztere lehre uns, dass es nicht möglich sei, angenehm und lustvoll zu leben, ohne dabei vernünftig zu sein.

## *Genügsamkeit*

Aus dem Vorangegangen ist klar, warum es für Epikur nicht darauf ankommt, *jeden* Lustgewinn zu suchen, auch wenn für ihn grundsätzlich gilt, dass keine Lust an sich schlecht ist. Vielmehr müsse eine für uns erreichbare Lustempfindung stets nicht nur im Hinblick auf mögliche Nebenwirkungen und Schädigungen, sondern auch im Hinblick auf den jeweils erforderlichen Beschaffungsaufwand abgewogen werden; diese Abwägung sollte von einer bestimmten Art der praktischen Vernunft geleistet werden. Wenn wir nun wiederum vernünftig abwägen, welche Begierden und Bedürfnisse wir befriedigen müssen, um den Zustand der Seelenruhe zu erreichen, dann zeigt sich für Epikur, dass es oftmals besser ist, auf viele Dinge zu verzichten als sie zu wählen. Dies führt ihn zur Haltung der ›Genügsamkeit‹ oder ›Selbstgenügsamkeit‹ (*autarkeia*), die bei Epikur wiederum mindestens zwei Aspekte hat: Wenn wir daran gewöhnt seien, uns mit Wenigem und Einfachem zufriedenzugeben, dann werde uns das stärken und für künftige Genüsse sensibilisieren (während uns der Genuss von Überflüssigem desensibilisiere und abstumpfe). Noch wichtiger ist aber der Aspekt, dass wir durch den Verzicht auf luxuriöse Genüsse, d.h. auf Arten von Genuss, die über das Notwendige hinausgehen und für welche die Mittel unter Umständen schwer zu beschaffen sind, unsere innere Unabhängigkeit gegenüber den entsprechenden Dingen bewahrten und deshalb dann auch unter dem Mangel an denselben Dingen nicht zu leiden bräuchten, wenn sie uns einmal nicht mehr zur Verfügung stehen sollten. Nur wenn wir dies beachteten und praktizierten, blieben die Mittel, die wir für den angestrebten Zustand der Seelenruhe bräuchten, jederzeit verfügbar.

## *Jede Lust ist gut*

An sich betrachtet ist für Epikur jede Lust ein Gut (KD VIII). Zwar ist der Verzicht auf viele Lustempfindungen für ihn wichtig, wie wir gesehen haben; dies geschieht aber nicht deshalb, weil sie als Lustempfindung minderwertig wären, sondern weil ihre Begleiterscheinungen so beschaffen sind, dass die betreffende Handlungsweise längerfristig betrachtet mehr Schmerz und Störung als Lust hervorbringen würde. Dies gilt explizit auch für die körperlichen Lüste und die mögliche Gegenüberstellung von körperlicher und geistiger Lust: Es gibt keinen unabhängigen Maßstab, der die Lust im einen Fall höherwertig machen würde als im anderen Fall; nur ergibt sich für bestimmte körperliche Lüste beiläufig, dass sie mit schmerzlichen und störenden Nebenfolgen verknüpft sind. Würden indes die körperlichen Lüste, die aus der zügellosen Befriedigung unserer Bedürfnisse resultieren, gleichzeitig dazu beitragen, dass wir unsere Furcht vor dem Tod und den Himmelserscheinungen überwinden könnten, dann, so Epikur (KD X), gäbe es nichts, was wir diesen Lüsten vorwerfen könnten. Aus diesem Grund wäre es auch wenig hilfreich, wenn man den Grundbegriff der epikureischen Philosophie, *hedonē*, durch Übersetzungen wie ›Freude‹ gleichsam entschärfen, vergeistigen oder auf andere Weise sublimieren wollte. Im Gegenteil scheint Epikur sogar eine besondere Pointe darin zu sehen, dass alle Arten von Lust auf die »Lust des Magens« (Test. 7) zurückgehen, also in den körperlichen, sinnlichen Lüsten wurzeln. Ähnlich bemerkt er, dass die Aussicht darauf, die Bedürfnisse des Fleisches, nämlich nicht zu dürsten, nicht zu hungern und nicht zu frieren, befriedigen zu können, schon für ein göttergleiches Glück ausreichend sei (GV 33). Zwar sollten das Nachdenken und die praktische Vernunft hinzukommen, um den richtigen Umgang mit der Lust zu garantieren und das dem Körper eigentümliche Streben nach unbegrenztem Lustgewinn zu kanalisieren (KD XX), aber das mache die körperliche Lust an sich nicht zu einer minderwertigen Form des Lustgewinns. Obwohl Epikur auch immer wieder von dem mit der Erkenntnis verbundenen Lustgewinn spricht, ist es dabei auffallend, dass er diese Art von Lust – anders als z.B. Aristoteles, der der theoretischen Betätigung als solcher Lustgewinn zuspricht – immer wieder auf die bestimmte Art von Erkenntnis zurückzubeziehen versucht, die die Auflösung von Befürchtungen bedingt und schon deshalb mit Lust in Verbindung zu bringen ist (KD XVIII; siehe auch Her. § 78, 81). Was für Epikur in der praktischen Lebensgestaltung eine Vorliebe für bestimmte mit dem Denken verknüpfte Lüste bedingt – wobei diesen deshalb keine von den körperlichen Lüsten verschiedene Natur, Qualität oder Dignität zugesprochen wird –, ist die leichte Verfügbarkeit der Lustempfindung, die aus der Erinnerung an oder aus der Erwartung lustvoller Ereignisse resultiert: Durch Erinnerung und Antizipation entsprechender Ereignisse könne sich der Weise in einen lustvollen Zustand versetzen, ohne dafür von der Präsenz und der Verfügbarkeit von Gütern abhängig zu sein, die körperliche Lust erzeugen (Test. 12). Schließlich taucht bei Epikur sporadisch der Begriff einer ›unvermischten‹ Lust auf, welche nur dann gegeben sei, wenn wir mithilfe der Naturforschung die Furcht beseitigt hätten (KD XII). Nimmt man eine solche unvermischte Lust zum Maßstab und nimmt man außerdem mit Epikur an, dass die Furcht vor dem Tod, vor den Göttern und den Himmelserscheinungen (durch welche alle Lustempfindung letztlich eingetrübt und mit Furcht gemischt wird) so tief in uns verwurzelt ist, dass wir uns von ihr nur durch Naturforschung befreien können, dann ergibt sich daraus ein Argument, warum der Mensch mit der körperlichen Lust allein nicht zufrieden sein kann, sondern zusätzlich der Naturforschung und damit der Erkenntnis bedarf, welche wiederum eigene Arten von Lust mit sich bringt.

Aus all diesen Gründen ist die körperliche Lust nach Epikur nicht weniger als ein Gut anzusehen als die mit dem Denken und Erkennen verbundenen Lüste, wenngleich der Weise aufgrund der Verfügbarkeit und der zu erwartenden Nebenfolgen des Öfteren Grund haben wird, die Letzteren anstelle der Ersteren zu wählen. Warum aber ist die Lust überhaupt als ein Gut anzusehen? Seiner allgemeinen Methodologie entsprechend[6] hält Epikur dies für eine These, die

6 Siehe dazu unten S. XXXIX–XLI.

keiner aufwendigen Beweise bedarf, sondern durch nüchterne Beobachtung bestätigt werden kann. Und die hierfür einschlägige Beobachtung sei die, dass das Lebewesen gleich mit seiner Geburt beginne, das Angenehme zu erstreben und das Schmerzliche zu vermeiden (Test. 3 und Test. 13). In der Literatur nennt man dies das ›cradle-Argument‹, weil Epikur eben davon ausgeht, dass uns die Lust gleichsam als höchstes Gut in die ›Wiege‹ gelegt wird (siehe hierzu auch die Anmerkung zu Test. 13); das ›cradle-Argument‹ lässt sich als eine Weiterentwicklung von Eudoxos' Argument[7] ansehen, dass alle Lebewesen nach Lust streben.

## *Alles Gute liegt in der Lustempfindung*

Die klarste Formulierung des Prinzips, dass alles Gute in der Lustempfindung liege, findet sich im Zusammenhang mit der Argumentation, dass der Tod für uns keine Bedeutung haben könne (Men. §§ 124, 125): Wenn alles, was Bedeutung hat, in der Empfindung oder Wahrnehmung gegeben ist, der Tod aber gerade durch die Abwesenheit von Empfindung gekennzeichnet ist, dann ist die mit dem Totsein verbundene Empfindungslosigkeit ein Zustand, in dem nichts mehr für uns irgendeine Bedeutung hat. – Nun haben wir Grund zu der Annahme, dass Epikur diesen als ›sensualistisch‹ zu beschreibenden Grundsatz auch unabhängig vom Gedanken an den Tod vertreten hat. Wenn also alles von unserer Empfindung abhängig ist, dann liegt alles, was gut für uns ist, in der positiven Art von Empfindung, und das ist die Lust. Dies hat nun die oft als befremdlich empfundene Konsequenz, dass auch die von Philosophen vor Epikur so hochgeschätzten Güter des Wissens, der Philosophie, der Freundschaft und der Tugenden nicht an sich, sondern nur vermittels ihrer Verbindung mit der Lust als etwas Gutes gelten können: Was die Stellung der Philosophie und der Naturforschung angeht, so führt dieser Grundsatz zu einem für den Hellenismus im All-

7 Siehe oben S. XIV–XVIII.

gemeinen zutreffenden, aber bei Epikur auf besondere Weise ausgeprägten Verständnis der Abhängigkeit der Wissenschaft von dem Anliegen einer glückstauglichen Lebensführung.[8] Was die Stellung der Tugenden angeht, so führt derselbe Grundsatz zunächst einmal – und im Vergleich zur Stellung der Tugenden bei Platon und Aristoteles – zu einer Abwertung der Tugenden, welche Epikur dabei nicht nur als eine theoretische Konsequenz in Kauf nimmt, sondern offensiv propagiert: Auch die Tugenden würden nur um der Lust und nicht um ihrer selbst willen gewählt (Test. 4); er selbst spucke auf das mit den Tugenden verbundene Edle und Schöne, wenn es keine Lust bringe (Test. 5); die Tugenden und das Edle seien ohnehin nur zu verehren, wenn sie zu Lust führten, wenn nicht, könne man auf sie auch verzichten (Test. 8). Richtig sei zwar, was die Platoniker und Aristoteliker meinten: dass man glücklich sei, wenn man tugendhaft sei, jedoch sei die Tugend nicht hinreichend für das Glück, sondern genau genommen sei es eben die mit der Tugend verbundene Lust, die uns glücklich mache (Test. 10). Selbst die traditionell als paradigmatisch angesehene Tugend der Gerechtigkeit bestehe nicht an sich, sondern nur in einer Art von Übereinkunft (KD XXXIII); auch sei die Ungerechtigkeit für sich genommen noch nichts Schlechtes, sondern nur wegen der Besorgnis ein Übel, dass unsere ungerechten Taten entdeckt werden könnten (KD XXXIV).

Mit diesen Annahmen macht Epikur im Grunde alle moralischen Erwägungen zu Fragen des Lustgewinns bzw. der Vermeidung von Schmerz oder Beunruhigung – eine Position, die nicht nur in den Augen konkurrierender Philosophenschulen, sondern auch vom Blickwinkel der Populärmoral her suspekt erschienen sein dürfte. Für die Grundlegung und Eigenart der epikureischen Philosophie ist dieser Punkt jedoch zentral, weil sich in Epikurs Denksystem eben nur dieser einzige Wert, die Lustempfindung, findet – was man im Vergleich zu Moralphilosophien, die den Wert der Lust leugnen,

8 Siehe dazu unten S. XXXVII–XXXIX.

als lebensnaher und im Vergleich zu Theorien, die mehrere, nicht aufeinander reduzierbare Arten von unabhängigem, intrinsischem Wert anerkennen, als kohärenter ansehen könnte. In der Art von Lebenspraxis, die Epikur letztlich empfiehlt, dürften indes die Unterschiede zu den konkurrierenden Moralphilosophien gar nicht so groß gewesen sein, wie es auf den ersten Blick erscheint, weil sich bei ihm zugleich eine wichtige Argumentationsstrategie findet, die der Tugend zwar keinen eigenen, unabhängigen Wert zuspricht, sie jedoch als für den Lustgewinn unentbehrlich darstellt: In Test. 5 etwa behauptet Epikur, dass die Tugend nicht von der Lust abtrennbar sei, d. h., dass die Tugend unentbehrlich sei, um sich (ungemischte, beständige) Lust zu verschaffen. Konkret demonstriert er das in Men. § 132 an der Tugend der praktischen Vernunft, da aus ihr die übrigen Tugenden hervorgingen und man die Tugenden eben benötige, um angenehm zu leben (ähnlich auch KD V). An die Tugend der praktischen Vernunft selbst appelliert Epikur in diesem Zusammenhang, weil man sie für das nüchterne Abwägen in allen Entscheidungen benötige, auf das sich wiederum die Genügsamkeit gründe sowie die Möglichkeit, durch vorausschauende, vernünftige Planung das Maß an künftigen Erschütterungen und Schmerzen so gering wie möglich zu halten. Auch im Kontext der Gerechtigkeit zeigt Epikur die instrumentelle Unabdingbarkeit der Tugend: Greift man nämlich auf die Überlegung zurück, dass man sich an die Tugend der Gerechtigkeit halten soll, um sich nicht aus Furcht vor dem Bekanntwerden einer ungerechten Handlung eine Beunruhigung der Seele einzuhandeln (KD XXXIV), und bedenkt man, dass es unmöglich ist, die Gewissweit zu erlangen, dass das begangene Unrecht nicht eines Tages auffliegt (GV 7), dann leitet sich daraus ein solides Argument zugunsten der Gerechtigkeit ab.

## *Kinetische und katastematische Lust*

Ein theoretisches Problem für den Verfechter einer so konsequenten Philosophie der Lust mag darin bestanden haben, dass sich nach den gängigen Vorstellungen, die größtenteils mit der Befriedigung körperlicher Bedürfnisse zu tun haben, die Lust als ein erstens unreines und zweitens flüchtiges Phänomen darstellt: ›Unrein‹ ist die Lust der Bedürfnisbefriedigung dann, wenn man davon ausgeht, dass ein starkes Bedürfnis, wie der Durst, mit einem schmerzlichen Mangelzustand verbunden ist und sich die Lust im Zuge der Beseitigung dieses Mangelzustandes – in diesem Fall also während des Trinkens – einstellt, während der schmerzliche Mangelzustand selbst zwar graduell abnimmt, im Hintergrund der Lust bis zur völligen Stillung des Durstes aber anhält; ›flüchtig‹ ist die Lust nach dieser Art von Beispiel deshalb, weil sie gleichzeitig mit der Behebung des schmerzlichen Zustandes bzw. kurz danach auch schon wieder endet. Wie könnte man also ein solches flüchtiges und notwendigerweise unreines Phänomen als höchstes Gut des Menschen darstellen? Vor diesem Hintergrund scheint Epikur zwei Arten von Lust unterschieden zu haben: Von der Lustempfindung des gerade beschriebenen Typs sagt er, sie finde sich nur in der Bewegung oder Veränderung (*kinēsis*) – in unserem Beispiel wäre das die Veränderung, die der Durstende durchläuft, wenn er seinen Durst stillt – und heiße daher ›kinetische‹ Lust (siehe Test. 15); die Lust hingegen, die sich nicht in gleicher Weise in Bewegung befindet, bezeichnet er als eine ›zuständliche‹ und ›beständige‹ Lust (griechisch: *katastēmatikē*). Die Lust nun, die wir eigentlich erstreben sollten und die Epikur mit dem glücklichen Zustand gleichsetzt, ist die Letztere, die katastematische Lust, die eben nicht wegen ihrer Flüchtigkeit getadelt werden kann, wird sie doch im Gegensatz zur flüchtigen, kinetischen Lust gerade durch ihre Beständigkeit charakterisiert. Als Beispiele für die katastematische Lust nennt Epikur Freiheit von Beunruhigung bzw. Seelenruhe (*ataraxia*) und Freiheit von Beschwerden oder Schmerzen (*aponia*; Test. 2).

Nicht völlig klar ist das Verhältnis zwischen der katastematischen und der kinetischen Lust; nach einer Darstellung bei Cicero (Test. 15) ist Erstere der Zustand, in den wir – wieder am Beispiel des Durstes illustriert – übergehen, nachdem wir getrunken, den Durst gestillt und dabei die kinetische Art von Lust empfunden haben; die wesentliche Voraussetzung für das Vorliegen einer solchen katastematischen Lust wäre demnach die erfolgreiche Befreiung von Schmerz und Beunruhigung. Möglicherweise muss man indes als weitere Voraussetzung annehmen, dass die katastematische Lust nicht die Folge eines einzelnen Vorgangs ist, wie des Vorgangs der Befreiung vom schmerzlichen Durst, sondern der Zustand, der aus der Befreiung von Schmerzen und Beunruhigungen insgesamt resultiert. Von einem solchen Zustand könnte man dann auch berechtigterweise sagen, dass er – im Unterschied zu den kinetischen Lüsten – keine Steigerung mehr zulässt. Dies Letztere scheint in der Tat ein wichtiges epikureisches Theorem zu sein (z.B. KD XVIII), welches im Zeugnis Ciceros (Test. 15) umstandslos auf die katastematische Lust bezogen wird.[9]

## *Der Weise*

Wer die verschiedenen Lehren der epikureischen Ethik berücksichtigt und nach ihnen lebt, wird ohne Zweifel als Weiser angesehen werden, so wie auch Epikur selbst von seinen Anhängern als Weiser verehrt wurde. Der Weise wird dabei vor allen Dingen die Seelenruhe erreicht haben; er erreicht diese, indem er die ›vierfache Medizin‹ zum Angelpunkt seines Denkens gemacht hat (Men. § 133): keine Furcht vor den Göttern, den Himmelserscheinungen und dem Tod hat, über die Grenzen der Lust Bescheid weiß und den Schmerz verachtet (GV 4). Weiterhin zeichnet sich der Weise durch seine Selbstgenügsamkeit und die damit korrespondierende innere Unabhängigkeit von den Notwendigkeiten des Lebens aus (GV 44); auch wenn er von anderen verehrt wird, betrachtet er die Verehrung selbst nicht als ein Gut (siehe GV 32). Der Weise glaubt ferner keine absolute Sicherheit vor den Menschen erreichen zu können, bemüht sich aber um die Freund-

9 Für eine neuere Diskussion der katastematischen Lust bei Epikur siehe auch Held 2007.

schaft, die er für ein wichtiges Gut hält (KD XXVII) und die durchaus ein bestimmtes Maß an Sicherheit hervorbringen kann (KD XXXVIII).

Inwieweit das Streben nach Sicherheit und innerer Ruhe dem Weisen verbietet, sich politisch zu betätigen – gemäß der Formel ›Lebe im Verborgenen‹ –, ist nicht unumstritten.[10] Jedenfalls zeigen die Überlegungen Epikurs zur Freundschaft und zum Staat, dass das Umfeld des Weisen für ihn nicht gleichgültig ist. In jedem Fall gehört der Weise nicht zu denen, die das Leben verachten; er versucht aber auch nicht, für die längstmögliche Zeit zu leben, sondern erstrebt ein möglichst angenehmes Leben (Men. § 126) im Sinne der *ataraxia*. Dabei folgt der Weise nicht den deterministischen Überzeugungen mancher Naturphilosophen, sondern nimmt vielmehr an, dass wir für unsere Taten selbst verantwortlich sind (Men. §§ 133–134). Er vergöttert entsprechend auch nicht den günstigen Zufall, sondern hält es für besser, wenn er aufgrund von vernünftiger Überlegung einmal Pech hat, als wenn er aufgrund von Zufall in den Genuss von Zufallsglück gerät (Men. §§ 134–135). Der Weise begeht kein Unrecht und übt sich in der Tugend der Vernünftigkeit, weil er weiß, dass er ohne diese die Seelenruhe nicht finden wird; er weiß das gerade Gegenwärtige zu schätzen (GV 35), ist aber von dem in der Gegenwart Gegebenen in keiner Weise abhängig, da er sich auch an der Erinnerung an Vergangenes und der Erwartung von Künftigem erfreuen kann (Test. 12); auf dieselbe Weise kann er jederzeit Lustempfindungen haben, die stärker sind als ein körperlicher Schmerz, an dem er gerade leidet.

## *Seelenruhe und Naturforschung*

Um die Seelenruhe zu erlangen, muss man die Ursachen der Furcht und der Beunruhigungen aufspüren und vor allem

10 Siehe das unter LS 22 versammelte Material sowie Mitsis 1992, 98–128.

versuchen, zu den Ursachen der zu Unrecht gefürchteten Dinge vorzudringen, damit man versteht, dass man diese Dinge eigentlich nicht zu fürchten braucht. Deshalb ist die Möglichkeit der Erlangung einer solchen Seelenruhe an ein bestimmtes Wissen über die Natur geknüpft, und dieses Wissen kann – so Epikur – allein die atomistische Naturforschung vermitteln. Die Mindestbedingung für das glückliche Leben im epikureischen Sinne ist daher die Kenntnis der Grundzüge dieser Art von Naturphilosophie. Am Anfang und am Ende des *Briefs an Herodot* unterscheidet Epikur dahingehend unterschiedliche Vertiefungsgrade in der Naturforschung, wobei es auch für den in dieser Art von Forschung Erfahrenen wichtig sei, das im Detail Erkannte auf bestimmte Grundprinzipien zurückzuführen. Zugleich wird scheinbar auch der Tätigkeit des Naturforschers, der bereits einen umfassenden Überblick über die atomistische Erklärung der wichtigsten Naturphänomene erlangt hat, eine gewisse Art von Lust zugeschrieben, die Epikur offenbar damit begründet, dass es diese Erkenntnisse sind, die die Menschen von der schmerzlichen Furcht vor den Naturerscheinungen befreien.

Die Kehrseite dieser Auffassung ist, dass Philosophie insgesamt und die Naturforschung im Besonderen demnach eben nur dann einen Wert hat, wenn sie die betreffenden Personen tatsächlich von ihren Befürchtungen befreit. Epikur verzichtet nicht auf eine gewisse Drastik, um diesem Punkt Ausdruck zu verleihen: Von der Philosophie sagt er, ihre Erklärungen seien leer, wenn sie es nicht vermöchten, die Menschen von ihren Affekten (d. h. der Furcht) zu befreien (Test. 9); von der Naturforschung sagt er ebenso unverblümt, dass sie keinerlei Nutzen habe, wenn sie nicht in der Lage sei, uns von der Furcht vor den Himmelserscheinungen und vor dem Tod zu befreien und uns über die Grenzen von Lust und Schmerz zu belehren (KD XI). – In der Praxis der Forschung führt diese Einstellung dazu, dass der epikureische Naturforscher bei bestimmten Phänomenen damit zufrieden ist, unterschiedliche, mit der Beobachtung vereinbare Ursachen angeben zu können, ohne entscheiden zu wollen, welche dieser Ursachen denn nun die maßgebliche ist.[11] Insofern scheint es, als komme es der epikureischen Naturphilosophie weniger auf eine Erschließung der Einzelphänomene um jeden Preis als auf die allgemeine Tragfähigkeit dieser Einzelphänomene als Grundlage für die ethischen Kernüberzeugungen an. Auch die wissenschaftliche Methode Epikurs ist von einer solchen grundsätzlichen Abkehr vom Platonismus und Aristotelismus geprägt.

## *Die wissenschaftliche Methode*

Die wissenschaftliche Methodologie und Erkenntnistheorie wird bei Epikur unter dem Begriff der ›Kanonik‹ zusammengefasst; der Ausdruck leitet sich von dem griechischen Wort *kanōn* her, das den ›Messstab‹ oder die ›Richtschnur‹ meint; zusammen mit dem Begriff *kritērion* (›Prüfstein‹) spielt der *kanōn* – Letzteres ist auch der Titel einer verlorenen Schrift Epikurs zu diesem Thema – insofern eine zentrale Rolle in der epikureischen Erkenntnistheorie, als es darin um die Maß- oder Prüfsteine geht, mit deren Hilfe wir zwischen ›wahr‹ und ›falsch‹ unterscheiden können, wobei Epikur immer wieder betont, dass es sich bei der Wahrnehmung und Empfindung um solche Maßstäbe handle. So führt er in KD XXIV aus, dass wir unsere Meinungen durch Sinneswahrnehmung und Empfindung daraufhin prüfen müssten, ob sie nur ›leer‹ seien; in einem bestimmten Sinne meint Epikur nämlich zeigen zu können, dass sinnliche Wahrnehmung immer wahr sein muss,[12] während das Falsche und die Täuschung dadurch entständen, dass wir etwas zu den authentischen Sinneseindrücken ›hinzumeinten‹ (siehe Her. § 50), was so nicht durch die Erfahrung bestätigt oder sogar widerlegt werden könne.

Während die grundlegende Rolle der Wahrnehmung und Empfindung im epikureischen System unbestritten ist, be-

11 Siehe z. B. Pyth. § 87; Lukrez V, 526–533.
12 Siehe dazu unten S. XLVII–IL.

steht eine gewisse Unklarheit darüber, ob Epikur selbst noch weitere ›Kriterien der Wahrheit‹ anerkannt hat. Diogenes Laërtios (DL X, 31) jedenfalls berichtet, dass er als drittes Kriterium den ›Vorbegriff‹ (*prolēpsis*) als ein solches Kriterium betrachtet habe und dass spätere Epikureer noch die ›Hinwendung‹ des Verstandes (*epibolē*) als viertes Kriterium hinzugefügt hätten. Klar ist, dass die sogenannten ›Vorbegriffe‹ eine zentrale Rolle in der Erkenntnistheorie Epikurs spielen. Es handelt sich dabei um Allgemeinbegriffe, die direkt der Erfahrung oder der wiederholten Wahrnehmung entnommen sind: Sobald das Wort ›Mensch‹ erwähnt werde, erläutert Diogenes Laërtios den Begriff (DL X, 33), komme uns ein Umriss des Menschen in den Sinn. Die Vorbegriffe sind evident; sie beruhen auf einem unverfälschten und augenfälligen Eindruck. Epikur appelliert daher an diese, wenn es um etwas geht, das eigentlich niemand bestreiten kann und für das man keine Beweise oder Definitionen braucht. Auch die ›Hinwendung‹ taucht bei Epikur im Kontext von erkenntnistheoretischen Fragen beständig auf – ungeachtet der Frage, ob deren Klassifikation als Kriterium der Wahrheit berechtigt ist oder nicht. In einer solchen Hinwendung finde die Fokussierung oder Konzentration auf einen bestimmten Gegenstand statt; eine derartige Fokussierung könne auch in der Wahrnehmung stattfinden, sie findet sich bei Epikur aber besonders häufig als eine sich durch ›Vorstellung‹ (*phantasia*) vollziehende Hinwendung des Verstandes auf einen Gegenstand.

Zu Beginn des *Briefs an Herodot* (Her. §§ 37–38) greift Epikur diese Kriterien indirekt auf und formuliert zwei wichtige methodische Regeln: Zuerst müssten wir auf das zurückgehen, was den Worten zugrunde liege; gemeint sind offenbar die Vorbegriffe, für die kein weiterer Beweis erforderlich ist. Dann müssten wir alles im Lichte unserer Sinneswahrnehmung und Empfindung überprüfen, wobei auch die Hinwendung des Verstandes eine Rolle spiele, indem wir durch sie die evidenten Fakten erkennen würden. Was wir auf diese Weise beobachten könnten, stelle dann die Grundlage für die Erforschung des Nicht-Beobachtbaren dar, indem wir insbesondere Zeichen- oder Analogieschlüsse gebrauchten. Die Ansichten, die wir auf diese Weise gewönnen, müssten schließlich anhand der Kriterien der Wahrheit entweder bestätigt oder widerlegt werden.

Was die Meinungen und Hypothesen, die wir über das Nicht-Beobachtbare gewinnen, angeht, so kommt es für Epikur darauf an, ob sich in der Wahrnehmung und Erfahrung etwas findet, was diesen Annahmen widerspricht. Im Zuge einer Untersuchung pflegt er immer wieder auf diesen Grundsatz zurückzukommen, indem er etwa darauf hinweist, dass es unter den beobachtbaren Phänomenen keines gibt, das der aufgestellten Annahme widerspricht. Dagegen verwirft er zum Beispiel die Annahme, dass es Atome jeglicher Größe gebe, weil dies dem Zeugnis der Sinneswahrnehmung widerspreche – habe doch noch nie jemand ein Atom mit eigenen Augen gesehen (Her. § 55). Bei einigen Themen, aber keineswegs bei allen, kann es daher auch vorkommen, dass der Forscher verschiedene Annahmen – etwa über die Ursachen eines Phänomens – aufstellt und keine mit der Evidenz der Wahrnehmung in Konflikt gerät, so dass für Epikur auch kein Grund besteht, einer dieser Annahmen den Vorzug zu geben. Manche Annahmen werden indes bevorzugt, weil sie, wie wir heute sagen würden, einen ›explanatorischen Vorteil‹ versprechen, das heißt, weil sie mehr Phänomene erklären können als andere Annahmen. So akzeptiert Epikur z.B. die Annahme, dass es unterschiedliche Größen von Atomen gibt, weil dies, wie er ausdrücklich sagt, einen Vorteil für die Erklärung ihrer unterschiedlichen Eigenschaften biete (Her. § 56).[13]

## *Grundsätze der Atomhypothese*

Der allgemeine Rahmen der epikureischen Atomtheorie ist zwar von Demokrit übernommen, im Einzelnen finden sich

13 Zur epikureischen Erkenntnistheorie siehe auch Asmis 1984 und 1999 sowie Jürss 1991.

aber durchaus Divergenzen zu dessen System, die zum Teil mit dem klar definierten methodologischen Zugang Epikurs zu tun haben: Die Welt besteht für ihn aus Körpern und dem Leeren, die Körper wiederum können einfache Atome oder Verbindungen bzw. Aggregate von Atomen sein. Die Grundlage für die Annahme von Atomen ist dabei die Überlegung, dass nichts aus Nicht-Seiendem entstehen und nichts in Nicht-Seiendes vergehen könne (siehe Her. §§ 37–38) – so dass es etwas geben muss, das in allen Veränderungen persistiert. Dass es Körper gibt, muss nach Epikur nicht bewiesen werden, sondern ergibt sich aus der Sinneswahrnehmung;[14] dass es das Leere gibt, beweist er damit, dass es einen Ort geben muss, an dem sich die Körper aufhalten und durch den hindurch sie sich bewegen können – dass sie sich bewegten, sei wiederum offensichtlich. Zwischen den Körpern und dem Leeren könne nichts Drittes angenommen werden.

Damit ist jedoch noch nicht bewiesen, dass die grundlegenden Körper atomar sind, d. h. dass sie nicht weiter geteilt werden können. Hierfür liefert Epikur ein knappes Argument (Her. §§ 40–41), das in seiner Kürze nicht vollständig klar ist,[15] wohingegen er der Annahme kleinster Teile relativ viel Aufmerksamkeit widmet (Her. §§ 56–59): Es könne nicht sein, dass ein begrenzter Körper aus unbegrenzt vielen Partikeln zusammengesetzt sei und dass diese Partikel unendlich klein seien. So wie es im Bereich der Sinneswahrnehmung kleinste Teile (Minima) gebe, so verhalte es sich demnach auch im atomaren Bereich. Abgesehen von Gestalt, Größe und Gewicht hätten die Atome keine wahrnehmbaren Eigenschaften; in genau diesen drei Hinsichten unterschieden sie sich voneinander (Her. § 54), und während die Eigenschaften der sichtbaren, zusammengesetzten Körper sich veränderten, veränderten sich die Atome selbst überhaupt nicht (Her. §§ 54–55). Die sinnlich wahrnehmbaren Eigenschaften

14 Siehe oben S. XXXIX–XLI.
15 Siehe auch Betegh 2006.

der Dinge führt Epikur folglich auf die Gestalt und Größe der jeweils involvierten Atome zurück.

Was das All betrifft, so müsse dieses unbegrenzt sein – hierfür liefert Epikur wiederum ein Argument (Her. § 41) –, aus der Unbegrenztheit des Alls ergibt sich wiederum die unendliche Ausdehnung des Leeren sowie die unendliche Anzahl an Atomen (Her. § 42) und ferner die Feststellung, dass es kein Oberstes oder Unterstes gibt (Her. § 60). Nichts, kein wahrnehmbares Phänomen, widerspreche der Annahme, dass es unzählige Welten gebe (Her. § 45), wobei es keinen Grund zu der Annahme gebe, dass alle Welten dieselbe Gestalt hätten (Her. § 74), aber auch keinen Beweis, der ausschließen würde, dass in diesen anderen Welten wie in der unsrigen Samen enthalten seien, aus denen Lebewesen und Pflanzen hervorgehen könnten.

## *Die Bewegung der Atome und die Möglichkeit des freien Willens*

Die Atome, so Epikur, bewegen sich ewig (Her. § 43) und sie bewegen sich stets mit der gleichen Geschwindigkeit (Isotachie), solange sie sich durch das Leere bewegen, da das Leere von seiner Natur aus so beschaffen ist, dass es keiner Sache einen Widerstand entgegensetzen kann. Wenn sich die Atome dagegen in einer Verbindung befinden, dann schwingen oder vibrieren sie am selben Ort, weil die anderen Atome der Verbindung einen Widerstand bieten und so das Abprallen der Atome ermöglichen (Her. § 44): Ebenso wie es zu den wesentlichen und beständigen Eigenschaften des Leeren gehört, durchlässig zu sein, so ist es eine beständige Eigenschaft (›Akzidenz‹) des Körpers, einen Widerstand zu bieten und so kausal wirksam zu sein; andere Eigenschaften (die ›Symptome‹) kommen dem Körper nur zeitweilig zu. Während die einzelnen Atome sich alle gleich schnell bewegen – egal ob sie kleiner oder größer, leichter oder schwerer sind –, gibt es bei den zusammengesetzten Körpern demnach tatsächlich unterschiedliche Geschwindigkeiten.

Vor diesem Hintergrund stellt Epikur zwei unabhängige Arten von Atombewegung fest: Die eine ist eine Art von natürlicher Abwärtsbewegung durch das unendliche Leere infolge des Eigengewichts der Atome, die andere ist die Bewegung, die durch den Zusammenprall von Atomen entsteht; da das Schwingen oder Vibrieren der Atome innerhalb einer Atomverbindung auf die Kollision mit anderen Atomen zurückgeht, bildet es keine dritte, eigene Art von Bewegung. – Stellt man sich nun die natürliche ursprüngliche Abwärtsbewegung der Atome in parallelen Bahnen vor und bedenkt man, dass im leeren Raum alle Atome dieselbe Geschwindigkeit haben, so dass auch nicht die schwereren Atome von oben her kommend auf die nachfolgenden leichteren aufschlagen können, und bedenkt man außerdem, dass es im unendlichen All kein Unterstes, keinen Boden gibt, auf dem die Atome irgendwann aufprallen könnten, dann ergibt sich folgendes Problem: Wie sollten sich die Atome in ihrer parallelen, mit gleicher Geschwindigkeit erfolgenden Abwärtsbewegung jemals begegnen? Wenn sie sich aber nicht begegnen würden, dann könnte es auch keine Kollisionen zwischen den Atomen geben und es könnten sich niemals mehrere Atome an einem Ort zusammenfinden und sich zu Atomverbindungen verhaken. An genau dieser Stelle setzt nun der Epikureer Lukrez an (II, 216ff.), indem er ausführt, dass es zu unbestimmten Zeitpunkten und an unbestimmten Stellen der Bahn, die die Atome bei ihrer Abwärtsbewegung ausführten, zu geringfügigen Abweichungen (griechisch: *parenklisis*, lateinisch: *clinamen*) von der Bahn komme; diese Abweichungen seien gerade groß genug, um den Abstand zur nächsten Atombahn zu überbrücken und so eine Kollision mit einem anderen Atom herbeizuführen. Damit löst Lukrez also das Problem: Ohne eine solche Abweichung von der Atombahn, ohne die *parenklisis*, würden sich die Atome im leeren Raum niemals begegnen und demnach könnte eine Welt, wie wir sie kennen, nicht entstehen.

In einem bekannten Passus der Schrift *De fato* (21–25 = LS 20 E) bringt Cicero diese dritte Bewegungsart der Atome, die

Abweichung von der Bahn, mit Epikur selbst in Verbindung. Epikur habe diese Annahme eingeführt, um das Problem zu vermeiden, das wir heute mit den Schlagwörtern des Determinismus und der Willensfreiheit in Verbindung bringen: Epikur, so Cicero, habe befürchtet, dass alles durch die Gesetze der Atombewegung vorherbestimmt sei und daher auch der menschliche Geist so bewegt würde, wie er durch die Bewegung der Atome gezwungen sei sich zu bewegen. Würde man aber diese Art von Naturnotwendigkeit akzeptieren, so argumentiert auch Epikur selbst (Men. §§ 133), dann müsse man gleichzeitig die Annahme der Entscheidungsfreiheit verwerfen und es würde unmöglich, irgendjemanden für seine Handlungen verantwortlich zu machen. Mit der Einführung der *parenklisis* entgehe man aber eben dieser Konsequenz einer durchgängigen Determiniertheit der Welt, weil diese Abweichungen von der Atombahn, wie Cicero ausführt, ›ohne Ursache‹ aufträten. Cicero äußert sich über die entsprechende Lehre Epikurs stets in feindseligem Ton, so dass man nicht weiß, wie weit genau seinen Ausführungen Glauben zu schenken ist; aber auch der loyale Anhänger Epikurs, Lukrez, bringt die Lehre von der Atomabweichung direkt mit der *libera voluntas* in Verbindung (II, 256f.) – einem Begriff, den man kaum anders denn als ›freier Wille‹ übersetzen kann.

Die *parenklisis* ist eine erstaunliche Theorie, die in der philosophischen Diskussion und bei der Erforschung der epikureischen Philosophie stets für einiges Aufsehen gesorgt hat. Da uns kein Text überliefert ist, in dem sich Epikur selbst zu diesem Phänomen äußert, ist die Möglichkeit, zuverlässige Aussagen über die näheren Umstände dieser Hypothese bei Epikur zu machen, sehr gering; einige Forscher haben sogar daran gezweifelt, dass Epikur selbst überhaupt eine entsprechende Theorie vertreten habe, da er sich in den überlieferten Briefen nirgendwo dazu äußert. Doch auch wenn wir annehmen, dass er tatsächlich zu irgendeinem Zeitpunkt seiner philosophischen Entwicklung eine solche Lehre vertreten hat – manche Autoren nehmen an, dass er die *parenklisis*-Theorie vielleicht erst nach den uns bekannten Briefen entworfen hat –, bleibt unklar, (1.) wie genau sich diese Atomabweichung abspielen und ob sie nur im Zuge der Abwärtsbewegung von Atomen auftreten soll, (2.) ob diese Theorie nur zur Erklärung einer Erstkollision von Atomen im unendlichen Raum oder wirklich zur Rettung der Entscheidungsfreiheit eingeführt wurde und (3.) wie genau die Atomabweichung die Möglichkeit freier Entscheidungen sicherstellen sollte: Sollte damit nur im Allgemeinen ein Freiraum von der durchgängigen kausalen Determinierung der Welt erzeugt werden oder sollte man annehmen, dass sich die Operationen des Geistes und speziell die auf Handlungen ausgerichteten Entscheidungen einer solchen Atomabweichung bedienen?[16]

## *Atomistische Seelentheorie*

Die durchgängig atomare Struktur der Welt hat auch Konsequenzen für Epikurs Auffassung von der Natur der Seele; die Grundzüge seiner atomistischen Seelentheorie sind in Her. §§ 63–68 ausgeführt. Demnach ist die Seele ein feinteiliger Körper und nichts Unkörperliches, wie Platon und letztlich auch Aristoteles meinten. Vom Unkörperlichen sagt Epikur, dass es gar nicht selbstständig existieren könne; nur das Leere sei unkörperlich und existiere zugleich selbstständig. Dabei entspreche es der Natur des Leeren, dass es nichts erleiden und nichts bewirken könne; die Seele dagegen leide und wirke auf evidente Weise (Her. § 67). Wenn also das Unkörperliche als solches entweder nur an einer anderen Sache vorkommt oder als Leeres unfähig zu jeder Art von kausaler Interaktion ist, dann kann die Seele, von der wir eben wissen, dass sie kausal interagiert, jedenfalls nicht unkörperlich sein, und damit bleibt nur, dass sie ein Körper ist. Lukrez gibt eine ausführlichere Version desselben Arguments (III, 161ff.). So werde im Falle einer heftigen Furcht nicht nur die Seele affi-

16 Zur Theorie der *parenklisis* siehe Englert 1987, zur vermeintlichen Entdeckung des Problems des freien Willens im Epikureismus siehe Bobzien 2000.

ziert, sondern zugleich leide der ganze Körper mit, insofern Stimmverlust, Blässe, Schweiß an unterschiedlichen Stellen des Körpers aufträten; umgekehrt leide die Seele mit, wenn zum Beispiel der Körper durch einen Speer verletzt werde (III, 170–176) – so dass es zweifellos kausale Einwirkungen sowohl von der Seele auf den Körper als auch vom Körper auf die Seele gebe. Daraus jedoch könne man schließen, dass die Seele eine körperliche Natur haben müsse.

Wenn nun aber die Seele eine körperliche Natur hat, wären alle Formulierungen irreführend, die den in der Tradition vorhandenen Dualismus von Seele und Körper reproduzieren würden. Daher vermeiden es Epikur und die Epikureer, von ›Seele und Körper‹ zu sprechen, und sagen statt dessen, dass die Seele – die selbst ein Körper sei – dem restlichen Aggregat eingestreut sei: Das Gesamtaggregat aus Atomen ist das Lebewesen und in diesem verstreut finden sich die Seelenatome. – Wenn aber nun die Seele ebenso körperlich ist wie der Rest des Körpers, welchen Sinn hat es dann noch, überhaupt von einer ›Seele‹ zu sprechen? Wenn er sagt, dass die Seele ein Körper sei, weicht Epikur zwar von einer der Grundüberzeugungen der platonisch-aristotelischen Tradition ab, er befindet sich indes in völliger Übereinstimmung mit dieser Tradition, wenn er die Seele zum Ort der Empfindungen, der Sinneswahrnehmung, der Tätigkeit des Verstandes und zum Verantwortlichen für die (intentionalen) Bewegungen des Körpers erklärt, »bei dessen Verlust wir sterben« (Her. § 63). Auch die körperlich verstandene Seele bleibt demnach Prinzip der Wahrnehmungen und Verstandestätigkeiten sowie Lebensprinzip überhaupt. Zwar könnte auch die Seele ohne den Rest des Aggregats diese Fähigkeiten nicht ausüben, es ist jedoch die Seele, die dem Aggregat alle diese Fähigkeiten verleiht (Her. § 64).

## *Theorie der Wahrnehmung*

Der Sinneswahrnehmung kommt bei Epikur eine wichtige Bedeutung zu: Einerseits stellt ihre Erklärung einen besonderen Anwendungsfall der allgemeinen Atomtheorie dar, andererseits bildet sie das Fundament für seine wissenschaftliche Methodologie, so dass die atomistische Erklärung der Sinneswahrnehmung auch imstande sein muss zu garantieren, dass die Sinne tatsächlich in der Lage sind, die ihnen zugedachte Rolle zu übernehmen. Entsprechend widmet Epikur der Erklärung der Sinneswahrnehmung den längsten kohärenten Abschnitt in seinem *Brief an Herodot* (Her. §§ 46–53), wobei er, obschon der unmittelbarste Kontakt mit dem wahrgenommenen Gegenstand beim Tastsinn besteht, hier den Gesichtssinn als den paradigmatischen Sinn wählt, an dem relativ ausführlich das Funktionieren aller Sinne demonstriert wird; kürzere Abschnitte widmet er dem Gehör und dem Geruch: Von den festen Atomverbindungen strömten kontinuierlich Abdrücke (*typoi*) ab, die dieselbe Gestalt hätten wie die festen Körper selbst, jedoch viel feiner seien als diese. Diese Abdrücke könnten sich in sehr schneller Zeit durch das Leere bewegen und bewahrten dabei in der Regel die Position und Ordnung der festen Körper, auch wenn diese in Einzelfällen durcheinander gerieten; Epikur nennt diese Abdrücke ›Abbilder‹ (griechisch: *eidōla*, lateinisch: *simulacra*). Wenn so ein Abbild von außen herkommend in uns eindringe, sähen oder dächten wir die entsprechenden Gestalten (Her. § 49). Ein kontinuierlicher Eindruck von einem einheitlichen Gegenstand komme zustande, indem die vom festen Körper her nachrückenden Abbilder eine gleichmäßige Einwirkung gewährleisteten. Grund des kontinuierlichen Abströmens von Abbildern sei das Schwingen der Atome im Inneren des festen Körpers (Her. § 50); der wahrgenommene Gegenstand verliere durch die beständigen Abströmungen jedoch nicht an Volumen, weil erstens die Abdrücke sehr fein seien und zweitens eine Wiederauffüllung mit Atomen erfolge (Her. § 48).

Die gleichmäßige Einwirkung der Abbilder auf unser Wahrnehmungsvermögen stellt also aufgrund der Ähnlichkeit mit dem festen Körper, von dem sie abströmen, sicher, dass wir etwas wahrnehmen, das der Wirklichkeit entspricht.

Diese Wahrnehmungseindrücke, heißt es bei Lukrez (IV, 479), können nicht zurückgewiesen werden. Das Falsche oder die Täuschung hätten mit einer anderen Art von Bewegung in uns zu tun und nicht mit dem von den Gegenständen ausgehenden Impuls (Her. § 51); sie kämen nicht aufgrund der Wahrnehmung selbst, sondern aufgrund der Dinge zustande, die wir zu einer Wahrnehmung ›hinzumeinten‹ (Her. § 50). Damit liefert die atomistische Erklärung eine Bestätigung für die grundsätzliche Verlässlichkeit der Sinneswahrnehmung, ohne die Letztere nicht die tragende Rolle spielen könnte, die ihr in der wissenschaftlichen Methodologie Epikurs zugedacht ist.

## 4. Epikurs Schriften

Epikur hat ein umfangreiches Werk hinterlassen, von dem allerdings der größte Teil verloren ist. Die wichtigsten erhaltenen Schriften verdanken wir dem im dritten Jahrhundert n. Chr. lebenden Philosophiehistoriker Diogenes Laërtios, der sich zu Epikurs Philosophie hingezogen fühlte und ihm das komplette letzte Buch seiner aus zehn Büchern bestehenden Sammlung mit dem Titel *Über das Leben und die Lehren berühmter Philosophen* widmete. In diesem Buch zitiert er drei Lehrbriefe Epikurs: die beiden in diesem Band wiedergegebenen Briefe an Herodot und an Menoikeus sowie einen dritten, an einen Pythokles adressierten Brief, der sich mit Himmelserscheinungen befasst; die Echtheit des letzteren Briefes ist allerdings immer wieder bestritten worden. Der *Brief an Herodot* enthält einen Abriss der Naturphilosophie Epikurs, während der *Brief an Menoikeus* ganz voraussetzungslos in die epikureische Ethik und Lebenskunst einführt und vermutlich als ein *protreptikos*, d. h. als eine Art von Werbeschrift für die epikureische Philosophie, gedacht war. Außerdem enthält das zehnte Buch von Diogenes' Sammlung die Zusammenstellung von Hauptlehrsätzen, die *Kyriai Doxai*, sowie das Testament Epikurs. Diese ausführlichen Zitate werden von Berichten zu Epikurs Lehren und von Betrachtungen des Diogenes zum Vergleich Epikurs mit anderen Philosophen eingerahmt. Auf diese Weise stellt Diogenes Laërtios, Buch X, eine unschätzbare Quelle für die Erforschung Epikurs dar.

Die *Kyriai Doxai* enthalten 40 Sentenzen unterschiedlicher Länge, die sich größtenteils mit Fragen der Ethik, zum Teil aber auch mit der Erkenntnistheorie und Methodologie (also mit der sogenannten ›Kanonik‹) auseinandersetzen. Eine systematische Gliederung dieser Sammlung ist kaum zu erkennen, auch wenn sich immer wieder kleinere Nester zu ein und demselben Thema finden, wie z. B. KD XIII–XIV zur Sicherheit, XVIII–XXI zur Lust, XXXI–XXXVIII zur Gerechtigkeit usw. Eine Ausnahme von dieser unsystematischen Anordnung stellen die ersten vier Sentenzen dar, insofern bewusst die wichtigsten Lehren Epikurs, die der ›vierfachen Medizin‹ entsprechen, an den Beginn gestellt werden.[17] Insgesamt aber spricht nichts für die Annahme, dass diese Auswahl von Epikur selbst vorgenommen worden wäre.

Eine den *Kyriai Doxai* vergleichbare Sammlung an Sentenzen oder Aussprüchen Epikurs wurde in einem aus dem 14. Jahrhundert stammenden Kodex im Vatikan (Vat. gr. 1950) gefunden; nach ihrem Fundort erhielt die Sammlung den Namen *Gnomologium Vaticanum Epicureum* oder auf Deutsch: *Vatikanische Spruchsammlung*. In ihr sind insgesamt 81 Sentenzen enthalten, von denen sich einige jedoch bereits unter den *Kyriai Doxai* finden und einige andere mit Sicherheit oder großer Wahrscheinlichkeit nicht Epikur selbst zuzuschreiben sind.[18] Einige der hier versammelten Aussprüche sind sehr kurz, manche geradezu epigrammatisch formuliert; thematisch geht es ausschließlich um Fragen der Ethik.

17 Siehe hierzu oben S. XIX–XX.

18 Eine Übersicht zu den Überschneidungen mit den *Kyriai Doxai* sowie zu den nicht-epikureischen Sentenzen findet sich in den Erläuterungen zur *Vatikanischen Spruchsammlung*.

Epikurs Hauptwerk *Über die Natur* soll 37 Bücher umfasst haben; zu diesem Werk verfasste er eine längere und eine kürzere Zusammenfassung (griechisch: *epitomē*); auch der *Brief an Herodot* versteht sich als Zusammenfassung von Teilen dieses Werks. Zum Teil lässt sich konkret nachvollziehen, was in den einzelnen Büchern dieses Hauptwerks gestanden haben muss. Neben diesem verfasste Epikur zahlreiche Werke, die sich mit Themen der Ethik, der Erkenntnistheorie und der Naturphilosophie auseinandersetzten; einige seiner Werke waren der Auseinandersetzung mit bestimmten Philosophen oder philosophischen Strömungen gewidmet. Diogenes Laërtios gibt eine Auflistung (DL X, 27f.), die auf 40 Titel verteilt insgesamt über 87 Bücher enthält; neben den philosophischen Werken und den schon genannten Lehrbriefen hat Epikur eine Vielzahl persönlicher Briefe verfasst.

Teile von Epikurs Hauptwerk und andere seiner philosophischen Schriften können aus den Papyrusrollen rekonstruiert werden, die in der 79 n. Chr. beim Ausbruch des Vulkans Vesuv verschütteten Stadt Herculaneum gefunden wurden. In einer Villa (*Villa dei Papiri* oder *Pisonenvilla*) in Herculaneum fand sich nämlich eine Bibliothek, die dem Epikureer Philodem (ca. 110–40 v. Chr.) gehört haben dürfte und die neben den Schriften Philodems auch eine umfangreiche Sammlung von Schriften Epikurs enthielt. Ein großer Teil der wiederentdeckten Papyrusrollen war jedoch stark verkohlt und damit zunächst nicht lesbar. Durch die Entwicklung von Multispektralkameras konnten in jüngerer Zeit aber auch Teile der karbonisierten Papyri lesbar gemacht werden, so dass die Arbeit an der Edition der Werke Epikurs aus den Papyri in Herculaneum immer noch andauert.

Neben den auf die eine oder andere Weise überlieferten Schriften Epikurs stellen Berichte über seine Lehren bei anderen antiken Autoren eine wichtige Quelle für unsere Kenntnis von dessen Philosophie dar. Von großem Wert sind die Auseinandersetzungen Ciceros mit der epikureischen Philosophie, z. B. in seinen Schriften *De finibus*, *De natura deorum* und *Tusculanae disputationes*, ebenso setzen sich

u. a. Plutarch und Seneca mit den Lehren Epikurs auseinander. In einzelnen Fällen gebietet jedoch die kritische, manchmal auch polemische Absicht späterer Autoren einen vorsichtigen Umgang mit diesen Zeugnissen. Im ersten Jahrhundert v. Chr. verfasste zudem der römische Epikureer Lukrez ein bewundernswertes Lehrgedicht mit dem Titel *De rerum natura*, in dem er zahlreiche Details der epikureischen Naturphilosophie vorstellt. An vielen Stellen liest sich Lukrez' Werk wie ein Kommentar zu den Punkten, die uns bei Epikur infolge der lückenhaften Überlieferung unklar geblieben sind, so wie überhaupt die Anhänger des Epikur bekannt dafür sind, dass sie nicht leichtfertig von den Aussagen des Meisters abweichen. Jedoch zeigt sich bisweilen auch, dass die philosophische Eigenständigkeit von Lukrez nicht unterschätzt werden darf.

## 5. Wirkung

Wie schon zu Beginn bemerkt, verläuft die Wirkungsgeschichte von Epikur durchaus zwiespältig: Gegen eine starke Front von Kritikern, die ihn als typischen Vertreter eines materialistischen Hedonismus anprangern, formieren sich immer wieder Sympathisanten und enthusiastische Anhänger Epikurs. Aufgrund der relativ einfachen und ansprechenden Kernbotschaft seiner Philosophie wirkt er dabei weit über den engeren Kreis der Fachphilosophen hinaus; auch bietet sich sein philosophisches System als Vorbild für Weltbilder an, die mit einer minimalen Moral und minimalen spekulativen Voraussetzungen auszukommen versuchen. Dies führt bisweilen jedoch zu banalisierenden und simplifizierenden Formen von Epikureismus, die leicht mit dem originalen Epikur verwechselt werden.

In der Antike wirkte Epikurs Philosophie zunächst durch seine unmittelbaren Schüler und die Nachfolger in der Leitung des Kepos weiter.[19] Die beiden bedeutendsten Epiku-

19 Zu den antiken Epikureern siehe Erler 1994, 203–490.

reer in der Antike lebten allerdings erst im ersten vorchristlichen Jahrhundert: Philodem aus Gadara, der sich aus Griechenland kommend in der Nähe von Neapel niederließ, sowie der Römer Lukrez, dessen lateinisches Lehrgedicht für die nachantike Rezeption des Epikureismus die entscheidende Rolle spielte; beide, Philodem und Lukrez, trugen zur Verbreitung des Epikureismus in der römischen Welt bei. Auch Cicero leistete, wenn auch in kritischer Absicht, seinen Beitrag zur Verbreitung epikureischen Gedankenguts, wobei die Angriffe auf die Philosophie Epikurs in antiker Zeit zumeist von einer stoischen oder platonischen Perspektive aus erfolgten: Aus stoischer Sicht scheint trotz einiger Gemeinsamkeiten v. a. die Unterordnung der Tugend unter die Lust als inakzeptabel; mit dem Platonismus ist Epikurs strikt materialistisch-sensualistisches Weltbild unvereinbar. Vonseiten der christlichen Philosophie wurde in der Spätantike und im Mittelalter nicht nur Epikurs Ethik, sondern vor allem auch sein Eintreten gegen den Glauben an ein Weiterleben der menschlichen Seele nach dem Tod abgelehnt.

Die große Wiederentdeckung der epikureischen Philosophie erfolgte daher erst in der frühen Neuzeit im Zeichen der Überwindung des scholastischen, christlich geprägten Aristotelismus. Hier galt das Interesse bei Weitem nicht nur Epikurs Ethik, sondern vor allem auch seinem naturphilosophischen Weltbild: Im Unterschied zu Aristoteles sieht Epikur die Welt als unendlich an, er lehnt die aristotelische Teleologie ab und operiert in scharfem Kontrast zum Aristotelismus sogar mit der Vorstellung einer Vielzahl von Welten. Der bedeutendste Epikureer dieser Epoche in Italien war Lorenzo Valla (ca. 1406–57), der im 15. Jahrhundert mit einem Werk namens *De Voluptate* für Aufsehen sorgte. In Frankreich versuchte Pierre Gassendi (1592–1655) in der Mitte des 17. Jahrhunderts den epikureischen Atomismus zu rehabilitieren und ihn mit christlichen Überzeugungen zu versöhnen; außerdem trug Pierre Bayles Epikur-Artikel im *Dictionnaire historique et critique* (1695/96) zur Verbreitung epikureischer Gedanken nicht nur, aber besonders auch unter den französischen Materialisten bei. In Deutschland publizierte Christoph Martin Wieland 1800 bis 1802 den vierbändigen Briefroman *Aristipp*, in dem er sich mit dem antiken Hedonismus auseinandersetzt.

Ein bemerkenswertes Stück von Epikurrezeption im deutschsprachigen Bereich stellt schließlich die Dissertation von Karl Marx dar, der in Epikur nicht nur einen Vorläufer im Materialismus entdeckte, sondern ihn in Absetzung von Demokrit auch zu einem Vertreter des Freiheitsgedankens zu machen versuchte. Diese Doktorarbeit trägt den Titel *Über die Differenz der demokritischen und der epikureischen Naturphilosophie* und wurde 1841 an der Universität Jena eingereicht. Im Mittelpunkt steht die Absicht, Epikur von den Lehren Demokrits abzugrenzen. Dabei meint Marx vor allem folgende Unterschiede gefunden zu haben: Erstens sei Demokrit aus erkenntnistheoretischer Sicht ein Skeptiker gewesen, die beobachtbare Welt sei für ihn nur subjektiver Schein, keine objektive Erscheinung. Epikur dagegen sei dieser Skeptizismus fremd; für ihn sei die sinnliche Wahrnehmung niemals widerlegbar, daher sei das Sinnliche für Epikur eben nicht nur Schein, sondern – ganz im Sinne Hegels – objektive Erscheinung. Dies führt Marx zum zweiten Unterschied: Für Demokrit sei die Welt der sinnlichen Erscheinung von ihren philosophischen Prinzipien getrennt, sie sei daher für ihn der Gegenstand einer empirischen, positivistischen Wissenschaft, während Epikur kein positivistischer Wissenschaftler, sondern ein Philosoph sei, und zwar ein Philosoph, für den die Philosophie der Freiheit diene. Schließlich gelte für Demokrit in allem das Prinzip der Notwendigkeit: Alles sei durch die Mechanismen der Atombewegung im Einzelnen determiniert. Für Epikur hingegen gelte das Prinzip des Zufalls und der Zufall ermögliche die Freiheit – und dieses Prinzip sieht Marx genau in der epikureischen Theorie der Atomabweichung ausgedrückt.[20]

20 Siehe dazu oben S. XLIII–XLVI.

# I.

# Brief an Menoikeus

Epikur sendet seine Grüße an Menoikeus.

Weder soll man, solange man noch jung ist, zögern zu philo- 122
sophieren, noch soll man im Alter ermüden in der Philosophie. Denn für die Gesundheit der Seele ist niemand entweder zu früh oder zu spät dran. Wer aber sagt, die richtige Zeit für das Philosophieren sei noch nicht gekommen oder sei schon vorbei, der gleicht einem, der sagt, die richtige Zeit für das Glücklichsein sei noch nicht gekommen oder sei schon vorbei. Daher sollte sowohl der junge als auch der alte Mensch philosophieren, der Letztere, damit er, obschon alt an Jahren, in den guten Dingen jung bleibt aus Dankbarkeit für das Geschehene, der Erstere, damit er jung und zugleich auch gereift ist, weil er keine Furcht hat vor den Dingen, die ihm noch bevorstehen. Also muss man sich in den Dingen üben, die das Glück hervorbringen, denn wenn es da ist, haben wir alles, wenn es aber fehlt, dann tun wir alles, um es zu haben.

Wozu ich dich auch unentwegt ermahnte, dies tue und übe 123
dich darin, indem du begreifst, dass dies die Elemente des guten Lebens sind: Zuerst glaube, dass Gott ein unvergängliches und seliges Wesen ist,[1] wie es der allgemeine Begriff Gottes vorgegeben hat, und schreibe ihm nicht zu, was sich fremd zu seiner Unvergänglichkeit oder unvereinbar mit seiner Seligkeit verhielte. Glaube über ihn alles das, was in der Lage ist, seine mit Unvergänglichkeit verbundene Seligkeit zu bewahren. Götter gibt es nämlich; denn es gibt eine klare Kenntnis von ihnen. So wie aber die Menge meint, so sind sie nicht. Denn sie (die Menge) beachtet nicht das, wofür sie die Götter eigentlich hält.[2] Gottlos aber ist nicht der, der die Götter der Menge bestreitet, sondern der, der die Meinungen der Menge den Göttern anheftet.

Die Aussagen der Menge über die Götter sind nämlich keine 124
wahren Vorbegriffe (*prolēpsis*), sondern falsche Vermutungen.

Diesen entsprechend wird der größte Schaden den schlechten Menschen und ebenso der größte Nutzen (den guten Menschen) von den Göttern verliehen. Denn weil sie mit den eigenen Vorzügen immer vertraut sind, begrüßen sie die ähnlichen als gut und halten alles das, was nicht von derselben Art ist, für fremd.

Gewöhne dich aber daran, zu glauben, dass der Tod keine Bedeutung für uns hat, weil alles Gute und Schlechte in der Wahrnehmung liegt.[3] Der Tod aber ist gerade die Aufhebung der Wahrnehmung. Daher macht die richtige Erkenntnis, dass der Tod keine Bedeutung für uns hat, die Sterblichkeit des Lebens erst zu etwas, das wir genießen können, nicht indem sie eine unendliche Zeit (zum Leben hinzufügt), sondern indem sie das Streben nach Unsterblichkeit aufhebt.[4]

125 Denn es gibt nichts Schreckliches im Leben für den, der vollständig erfasst hat, dass nichts Schreckliches in dem Nichtleben liegt. Daher redet der einfältig, der sagt, dass er den Tod nicht fürchte, weil er Schmerzen bringen werde, wenn er da ist, sondern dass er ihn fürchte, weil er jetzt als ein in der Zukunft bevorstehender schmerzt. Denn was keine Beschwerden bereitet, solange es gegenwärtig ist, das bereitet, wenn man es erwartet, allenfalls überflüssigen Schmerz. Das furchterregendste Übel, der Tod, hat also keine Bedeutung für uns, denn wenn wir existieren, ist der Tod nicht anwesend, wenn aber der Tod anwesend ist, dann existieren wir nicht. Daher ist er weder für die Lebenden noch für die Toten von Bedeutung. Denn für die einen hat er keine Bedeutung, und die anderen existieren nicht mehr. Aber die Menge flieht den Tod bald als das größte der Übel, bald erstrebt sie ihn als Erholung von den <Übeln im Leben.

126 Der Weise hingegen verschmäht weder das Leben>[5] noch fürchtet er das Nichtleben; denn weder ist ihm das Leben abstoßend noch meint er, dass das Nichtleben ein Übel sei. Wie er aber nicht unbedingt die größte Speise wählt, sondern die

angenehmste, so genießt er auch nicht die längste Lebenszeit, sondern die angenehmste. Wer aber nun rät, der junge Mensch solle gut leben, der alte aber gut dahinscheiden, der ist nicht ganz bei Trost, und zwar nicht nur wegen der Annehmlichkeit des Lebens, sondern auch weil das gute Leben und das gute Sterben derselben Art von Einübung entsprechen. Noch viel törichter ist der, der sagt, es sei schön, gar nicht geboren zu sein, wenn man aber geboren ist, aufs Schnellste wieder das Tor des Hades zu durchschreiten.[6]

Denn wenn er wirklich glaubt, was er sagt, warum scheidet er 127
dann nicht aus dem Leben? Dies liegt für ihn im Bereich des Möglichen, wenn er es ernsthaft entschieden hat. Wenn er aber nur scherzt, dann sind seine Worte vergebens bei denen, die das nicht zulassen.[7] Man muss sich nämlich daran erinnern, dass das Künftige weder völlig in unserer Macht noch völlig außerhalb unserer Macht steht, damit wir nicht fest damit rechnen, dass es eintreten wird, noch verzweifelt darüber sind, dass es in keinem Fall eintreten wird.

Man muss auch beachten, dass von den Begierden die einen natürlich sind, die anderen aber leer,[8] und dass von den natürlichen die einen notwendig, die anderen jedoch nur natürlich sind; von den notwendigen sind die einen im Hinblick auf das Glück notwendig, die anderen im Hinblick auf die Störungsfreiheit des Körpers und wiederum andere im Hinblick auf das Leben selbst.

Denn die unbeirrte Betrachtung dieser Zusammenhänge 128
weiß, dass jedes Wählen und Meiden auf die Gesundheit des Körpers und die ungestörte Ruhe (*ataraxia*) der Seele zurückgeführt werden muss, weil dies das Ziel des glücklichen Lebens ist. Um dessentwillen nämlich tun wir alles, damit wir weder Schmerz noch Unruhe empfinden. Sobald dies aber einmal eintritt, löst sich jeglicher Sturm der Seele, weil das Lebewesen nicht umhergehen muss wie auf der Suche nach etwas, dessen es bedarf, und nicht nach etwas anderem suchen

muss, das das Gut der Seele und des Körpers erfüllen würde. Nur dann nämlich haben wir ein Bedürfnis nach Lust, wenn wir Schmerz empfinden, der aus der Abwesenheit von Lust herrührt; wenn wir aber nicht Schmerz empfinden, dann bedürfen wir nicht mehr der Lust. Und deswegen nennen wir die Lust den Anfang und das Ziel des glücklichen Lebens.

129 Denn wir haben diese als das erste und angeborene Gut erkannt[9] und wir betrachten diese als Ausgangspunkt für jedes Wählen und Meiden und auf sie kommen wir zurück, indem wir jedes Gut durch das Kriterium der Empfindung (*pathos*) beurteilen. Und weil dies das erste und angeborene Gut ist, wählen wir aus diesem Grund nicht jedwede Lust, sondern lassen manchmal vielerlei Lüste aus, wenn uns aus diesen ein größeres Übel folgen würde. Und viele Schmerzen halten wir für besser als Lüste, nämlich dann, wenn für uns eine größere Lust folgt, nachdem wir längere Zeit Schmerzen ertragen haben. Also ist jede Lust ein Gut, weil sie eine uns verwandte Natur hat, nicht jede freilich ist wählenswert; wie auch jeder Schmerz ein Übel ist, aber nicht jeder auf natürliche Weise vermieden werden darf.

130 Durch vergleichendes Abmessen und Abwägen des Nützlichen und des Schädlichen muss man dies alles entscheiden. Denn zu bestimmten Zeiten verfahren wir mit dem Guten wie mit einem Übel, und mit dem Übel wiederum wie mit einem Gut.

Auch die Selbstgenügsamkeit (*autarkeia*) halten wir für ein großes Gut, nicht damit wir uns durchweg mit dem Wenigen zufriedengeben, sondern damit wir, wenn wir das Viele nicht haben, mit dem Wenigen zurechtkommen. Wir sind nämlich vollständig davon überzeugt, dass diejenigen den Aufwand auf angenehmste Weise genießen, die seiner am wenigsten bedürfen, und dass alles Natürliche leicht zugänglich ist, während das Überflüssige nur schwer zugänglich ist,[10] dass schlichte Suppen eine Lust verschaffen können, die derjenigen eines aufwendigen Lebensstils gleichkommt, wenn nämlich (dadurch) jeglicher vom Bedürfnis herrührende Schmerz aufgehoben wird.

Auch Gerstenbrot und Wasser verschaffen die höchste Lust, 131
wenn einer sie zu sich nimmt, der sich im Zustand des Bedürfnisses befindet. Wenn man sich also an die einfachen und nicht aufwendigen Lebensweisen gewöhnt, dann macht das einen vollständig gesund, es macht den Menschen unbesorgt gegenüber den notwendigen Bedürfnissen des Lebens, es macht uns stärker, wenn wir uns von Zeit zu Zeit den aufwendigen Anlässen zuwenden und es befreit uns von der Furcht vor den Wechselfällen des Schicksals.[11] Wenn wir also sagen, dass die Lust das Ziel sei, dann meinen wir nicht die Lüste des Ausschweifenden und nicht die im Genuss gelegenen Lüste, wie manche meinen, entweder weil sie unsere Lehren nicht kennen oder nicht mit ihnen übereinstimmen oder sie absichtlich missverstehen; vielmehr meinen wir, dass man weder am Körper Schmerzen noch an der Seele Unruhe spürt.

Denn es sind nicht Trinkgelage und fortgesetzte Feste und 132
auch nicht der Genuss von Knaben und Frauen oder Fischen und das übrige Angebot eines reich gedeckten Tisches,[12] was das Leben angenehm macht, sondern die nüchterne Überlegung, die die Gründe für jedes Wählen und Meiden erforscht und diejenigen Meinungen vertreibt,[13] aufgrund von welchen größte Unruhe die Seelen ergreift.

Ursprung von all diesem und das größte Gut ist das Vernünftigsein (*phronēsis*). Deswegen ist das Vernünftigsein sogar wertvoller als die Philosophie; aus Ersterem gehen von Natur aus alle übrigen Tugenden hervor, denn es lehrt, dass es nicht möglich ist, angenehm zu leben, ohne zugleich auch vernünftig, anständig und gerecht zu leben, <und dass es nicht möglich ist, vernünftig, anständig und gerecht zu leben,>[14] ohne zugleich auch angenehm zu leben. Denn die Tugenden sind von Natur aus mit dem angenehmen Leben verbunden und das angenehme Leben ist untrennbar von diesen.[15]

133 Denn wen würdest du für besser halten als denjenigen, der über die Götter fromme Auffassungen hat, sich gegenüber dem Tod völlig furchtlos verhält und das Ziel der Natur erkannt und der verstanden hat, dass die Grenze des Guten[16] leicht zu erfüllen und leicht zu beschaffen ist und dass die Grenze des Schlechten[17] entweder nur kurz andauert oder geringe Mühen erfordert,[18] der die von manchen als Herrscherin über alles eingesetzte Schicksalsnotwendigkeit verlacht[19] und vielmehr sagt, dass zwar manches aus Notwendigkeit geschieht, anderes aber aus Zufall und anderes wiederum bei uns liegt, da ja die Notwendigkeit nicht zur Rechenschaft gezogen werden kann,[20] der Zufall unstet ist und das, was bei uns liegt, keinem (fremden) Herrscher unterworfen ist, da ihm von Natur aus sowohl Tadel als auch das Gegenteil (davon) folgen kann.[21]

134 Denn es wäre besser, den über die Götter erzählten Mythen zu folgen, als sich der Schicksalsnotwendigkeit der Naturphilosophen als Diener zu unterwerfen; denn der Mythos weckt (wenigstens) die Hoffnung auf Erhörung, indem man die Götter verehrt, während das Schicksal eine unerbittliche Notwendigkeit hat. Den Zufall aber hält der Weise weder für einen Gott, wie es die Menge glaubt – denn nichts von dem, was ein Gott tut, geschieht auf ungeordnete Weise –, noch für eine unstete Ursache, denn er glaubt nicht, dass Gutes oder Schlechtes von diesem (dem Zufall) den Menschen für das glückliche Leben gegeben wird, obwohl der Ursprung für große Güter oder Übel von ihm ausgehen kann.[22]

135 Für besser hält es der Weise, wenn einem auf vernünftige Weise Unglück widerfährt als wenn es einem auf unvernünftige Weise gut ergeht. Denn es ist besser, wenn bei den Handlungen eine gute Entscheidung <zum Misserfolg führt, als wenn eine schlechte Entscheidung>[23] durch den Zufall zum Erfolg führt.

Dies also und die damit verwandten Dinge bedenke Tag und Nacht bei dir selbst und zusammen mit den dir Ähnlichen, und niemals wirst du dann im Wachen oder Schlafen beunruhigt werden, sondern wirst leben wie ein Gott unter Menschen. Denn in keiner Hinsicht gleicht der Mensch, der mit unsterblichen Gütern lebt, einem sterblichen Lebewesen.

# II.
# Die Hauptlehrsätze
# (Kyriai Doxai)

## I

Was selig und unvergänglich ist,[1] empfindet weder selbst Beunruhigung noch bereitet es einem anderen Beunruhigung. Daher wird es nicht durch die Gefühle von Zorn und Dankbarkeit gequält.[2] Denn alles solches findet sich beim Schwachen.

## II

Der Tod hat keine Bedeutung für uns. Denn was sich aufgelöst hat, hat keine Empfindung, was aber keine Empfindung hat, hat keinerlei Bedeutung für uns.[3]

## III

Die Beseitigung der gesamten schmerzlichen Empfindung ist die Grenze der Größe der Lust.[4] Denn wo auch immer das Lustvolle anwesend ist, solange es anwesend ist, gibt es weder Schmerzliches noch Betrübendes,[5] noch beides zusammen.

## IV

Das Schmerzliche hält sich nicht kontinuierlich im Fleisch auf;[6] vielmehr ist das Heftigste[7] nur für die kürzeste Zeit gegenwärtig, während dasjenige Schmerzliche, das im Fleisch gerade das Lustvolle übersteigt, nicht viele Tage andauert. Und die langwierigen Arten von Gebrechen enthalten das Lustvolle im Fleisch in einem Maße, das das Schmerzliche übersteigt.

## V

Es ist nicht möglich, angenehm zu leben, ohne vernünftig, anständig und gerecht zu leben, und es ist unmöglich, vernünftig, anständig und gerecht zu leben, ohne angenehm zu leben.[8] Wem dies aber fehlt,[9] für den ist es auch unmöglich, angenehm zu leben.[10]

## VI

Um sich vor den Menschen sicher zu fühlen,[11] ist all das ein natürliches Gut, womit du in der Lage bist, dies zu erreichen.[12]

## VII

Einige möchten berühmt und angesehen werden, weil sie glauben, sich so Sicherheit vor den Menschen verschaffen zu können. Wenn daher das Leben solcher Leute sicher ist, dann erreichen sie das natürliche Gut, wenn es aber nicht sicher ist, dann haben sie nicht das, wonach sie ursprünglich gemäß der Eigentümlichkeit ihrer Natur strebten.[13]

## VIII

Keine Lust ist an sich selbst etwas Schlechtes;[14] aber das, was einige Arten von Lust hervorbringt, erzeugt Störungen, die um ein Vielfaches größer sind als die Empfindungen der Lust.[15]

## IX

Wenn sich die gesamte Lust verdichtete – sowohl in der Zeit als auch in der Gesamtheit des Aggregats[16] oder doch wenigstens in den hauptsächlichen Teilen unserer Natur –, dann wären die verschiedenen Lustempfindungen nicht zu unterscheiden.[17]

## X

Wenn dasjenige, was die Lüste der Zügellosen hervorbringt, die Furcht des Denkens im Hinblick auf die Himmelserscheinungen, den Tod und die Schmerzen auflösen würde und außerdem über die Grenze der Begierde[18] belehren würde, dann gäbe es nichts, was wir ihnen vorwerfen könnten, weil sie von überallher mit Lustempfindungen angefüllt wären und von nirgendwo etwas hätten, das Schmerzen oder Kummer erregen könnte, was ja das Schlechte ist.[19]

## XI

Wenn uns nicht die Besorgnis über die Himmelserscheinungen und die über den Tod beunruhigten, dass er am Ende doch eine Bedeutung für uns habe,[20] und ebenso wenig unsere Unkenntnis über die Grenzen des Schmerzlichen und der Begierden,[21] dann bedürften wir nicht der Naturforschung.[22]

## XII

Es ist unmöglich, die Furcht vor den wichtigsten Dingen[23] zu beseitigen, solange man die Natur des Alls nicht kennt, sondern über den Inhalt der Mythen besorgt ist. Daher ist es auch unmöglich, ohne Naturforschung unvermischte Lustempfindungen[24] zu erlangen.

## XIII

Es bringt keinen Nutzen, sich Sicherheit vor den Menschen zu beschaffen, während die Dinge da oben und die Dinge unter der Erde und überhaupt die Dinge im Unbegrenzten[25] uns besorgt sein lassen.

## XIV

Obwohl sich die Sicherheit vor den Menschen[26] bis zu einem gewissen Grad durch wohlgefestigte Macht und Reichtum ergibt, so entsteht doch die reinste Sicherheit aus der Ruhe[27] und dem Rückzug vor der Masse.[28]

## XV

Der natürliche Reichtum[29] ist sowohl begrenzt als auch leicht zu beschaffen;[30] der auf leeren Meinungen[31] Beruhende geht ins Grenzenlose.

## XVI

Nur in Wenigem macht sich für den Weisen der Zufall bemerkbar, die größten und wichtigsten Dinge hat die Überlegung angeordnet, ordnet sie andauernd während der Lebenszeit und wird sie anordnen.[32]

## XVII

Das gerechte Leben ist in höchstem Maße frei von Beunruhigung, das ungerechte Leben hingegen ist voll von größter Beunruhigung.[33]

## XVIII

Sobald einmal der auf Mangel beruhende Schmerz beseitigt ist, steigert sich die Lust im Fleisch nicht mehr, sondern wird nur noch variiert.[34] Die Grenze der vom Denken herrührenden Lust[35] wird durch die Erforschung eben der Dinge und der damit verwandten Themen hervorgebracht, die dem Denken sonst die größten Befürchtungen bereiten.[36]

## XIX

Die unbegrenzte Zeit enthält die gleiche Lust wie die begrenzte Zeit, wenn man die Grenzen der Lust durch vernünftige Überlegung misst.

## XX

Das Fleisch[37] fasst die Grenzen der Lust als unendlich auf, und nur eine unbegrenzte Zeit könnte sie erzeugt haben. Das Nachdenken aber bereitet, indem es die Einsicht über das Ziel und die Grenze des Fleisches erlangt und indem es die Befürchtungen hinsichtlich der Ewigkeit[38] auflöst, das vollkommene Leben, und es bedarf dazu nicht mehr der unbegrenzten Zeit. Aber es meidet weder die Lust noch hört es auf, sobald die Umstände den Rückzug aus dem Leben nahelegen, als ob etwas vom besten Leben fehlen würde.

## XXI

Wer die Grenzen des Lebens kennt, weiß, dass das, was den auf Mangel beruhenden Schmerz beseitigt und das ganze Leben zu einem vollkommenen macht, leicht zu beschaffen ist.[39] Daher bedarf er keiner Dinge, die Kämpfe mit sich bringen.[40]

## XXII

Das wirklich existierende Ziel[41] müssen wir beachten und die ganze verfügbare Evidenz,[42] auf die wir unsere Meinungen zurückführen; wenn wir das nicht tun, wird alles voll sein von Unentschiedenheit und Beunruhigung.

## XXIII

Wenn du alle Sinneswahrnehmungen anzweifelst, wirst du nichts haben, worauf du dich beziehen kannst, um diejenigen Wahrnehmungen zu beurteilen, von denen du sagst, sie seien falsch.[43]

## XXIV

Wenn du irgendeine Sinneswahrnehmung unterschiedslos verwirfst und nicht unterscheidest zwischen der noch auf Bestätigung wartenden Meinung einerseits, und dem bereits in der Sinneswahrnehmung Gegenwärtigen sowie den Empfindungen und jeder auf Vorstellung[44] beruhenden Hinwendung des Verstandes andererseits,[45] dann wirst du auch die übrigen Wahrnehmungen mit der leeren Meinung vermischen, so dass du jegliches Kriterium[46] aufgibst. Wenn du aber in deinen auf Meinung beruhenden Gedanken ein jedes für sicher erklärst – sowohl das, was noch auf Bestätigung wartet, als auch das, was dies nicht tut –, dann wirst du die Täuschung nicht vermeiden, da du völlige Unentschiedenheit hinsichtlich jeder Entscheidung über richtig und nicht richtig beibehalten haben wirst.[47]

## XXV

Wenn du nicht bei jeder Gelegenheit jede deiner Handlungen auf das natürliche Ziel[48] beziehst, sondern zuvor abweichst, indem du dein Meiden und Streben auf etwas anderes beziehst, dann werden die Handlungen nicht deinen Überlegungen folgen.

## XXVI

Von den Begierden sind die, die nicht zu Schmerzen führen, wenn sie nicht gestillt werden, keine notwendigen,[49] sondern enthalten lediglich ein Streben, das leicht aufgelöst werden kann, falls es sich auf schwer zu beschaffende Dinge richtet[50] oder Schaden mit sich zu bringen scheint.[51]

## XXVII

Von dem, was die Weisheit für das Glück des ganzen Lebens zur Verfügung stellt, ist das bei Weitem Größte der Erwerb der Freundschaft.[52]

## XXVIII

Dieselbe Erkenntnis macht uns zuversichtlich im Hinblick darauf, dass nichts Schreckliches von ewiger Dauer oder auch nur von langer Dauer ist,[53] und erfasst, dass die Sicherheit[54] in gerade den begrenzten Verhältnissen am meisten durch Freundschaft herbeigeführt wird.

## XXIX

Von den Begierden[55] sind die einen natürlich und <notwendig, die anderen sind natürlich und>[56] nicht notwendig, wieder andere sind weder natürlich noch notwendig, sondern entstehen aufgrund leerer Meinung.[57]

## XXX

Von den natürlichen Begierden entstehen diejenigen, die keinen Schmerz verursachen, wenn sie nicht erfüllt werden, bei denen aber ein starkes Begehren besteht, aufgrund einer leeren Meinung, und es liegt nicht an ihrer Natur, dass sie nicht beseitigt werden können, sondern an der leeren Meinung des Menschen.[58]

## XXXI

Das von Natur aus Gerechte ist eine Übereinkunft über das Nützliche zu dem Zweck, weder sich gegenseitig zu schaden noch Schaden zu erleiden.

## XXXII

Für alle Lebewesen, die nicht in der Lage sind, Abkommen darüber zu schließen, dass man sich nicht gegenseitig schadet oder Schaden erleidet, gibt es nichts Gerechtes oder Ungerechtes; ebenso auch bei den Volksstämmen, die nicht in der Lage waren oder nicht beabsichtigten, Abkommen darüber zu schließen, dass man sich nicht schadet und keinen Schaden erleidet.

## XXXIII

Gerechtigkeit ist nicht etwas an sich Existierendes, sondern existiert nur im gegenseitigen Verkehr an jeweils beliebigen Orten als eine Art von Abkommen darüber, sich gegenseitig keinen Schaden zuzufügen oder Schaden zu erleiden.

## XXXIV

Die Ungerechtigkeit ist nicht an sich ein Übel, sondern ist ein Übel nur wegen der Furcht, die aus der Besorgnis herrührt, dass man nicht vor denen verborgen bleiben wird, die dazu eingesetzt wurden, solche Dinge zu bestrafen.[59]

## XXXV

Es ist nicht möglich, wenn man etwas im Verborgenen gegen das Abkommen tut, sich gegenseitig weder zu schaden noch Schaden zu erleiden, darauf zu vertrauen, dass man verborgen bleiben wird, auch wenn man in der Gegenwart zehntausend Mal verborgen ist; denn bis zum Tod ist es ungewiss, ob man auch weiterhin verborgen bleiben wird.

## XXXVI

Im Allgemeinen ist das Gerechte für alle dasselbe; denn es ist etwas Nützliches für den gegenseitigen Umgang; aber im Hinblick auf die Eigentümlichkeiten eines Landes und anderer Ursachen folgt, dass nicht für alle dasselbe gerecht ist.

## XXXVII

Von den Handlungen, die für gerecht gehalten werden, nimmt das, was erwiesenermaßen für die Erfordernisse des gegenseitigen Umgangs nützlich ist, den Rang des Gerechten ein,[60] ob es nun für alle dasselbe ist oder ob es nicht dasselbe ist. Wenn aber einer ein Gesetz erlässt und es sich nicht als nützlich für den gegenseitigen Umgang erweist, dann erfüllt dies nicht mehr die Natur des Gerechten. Auch wenn das im Sinne des Gerechten Nützliche (in Nutzloses) umschlägt, für eine bestimmte Zeit aber zu unserer Auffassung (des Nützlichen) passt, dann gilt es nichtsdestoweniger für jene Zeitspanne als gerecht in den Augen derer, die sich nicht selbst mit leeren Worten verwirren, sondern auf die Tatsachen blicken.

## XXXVIII

Wenn es sich herausstellt, dass, obwohl sich die Umstände nicht geändert haben,[61] die für gerecht gehaltenen Handlungen in der tatsächlichen Ausführung nicht zu unserer Auffassung (des Nützlichen) passen, dann war dies auch nicht gerecht. Wenn sich hingegen die Umstände geändert haben und die für gerecht gehaltenen Handlungen nicht mehr nützlich sind, so waren sie doch gerecht für die Zeit, als sie dem gegenseitigen Umgang der Mitbürger nützlich waren; später aber, als sie keinen Nutzen mehr brachten, waren sie nicht mehr gerecht.

## XXXIX

Am besten hat sich derjenige mit den von außen herkommenden Bedrohungen arrangiert, der diese sich, wo es möglich war, zu Verbündeten gemacht hat oder, wo dies nicht möglich war, sie zumindest nicht hat zu Gegnern werden lassen. Bei allem aber, bei dem er nicht einmal dazu in der Lage war, hat er den Kontakt vermieden und sich auf alles gestützt,[62] was ihm hilfreich war, dies zu tun.

## XL

Alle, die dazu in der Lage waren, in höchstem Maße Sicherheit vor den Nachbarn zu erlangen, diese lebten auch miteinander auf angenehmste Weise, da sie ja das stärkste Vertrauen hatten; und da sie die vollste Vertraulichkeit genossen hatten, jammerten sie auch nicht über das frühe Dahinscheiden eines Verstorbenen, als ob dies Mitleid verdiente.

# III.
# Die Vatikanische Spruchsammlung (Gnomologium Vaticanum Epicureum)[1]

4.

Jedes körperliche Leiden ist leicht zu verachten; denn wenn es starken Schmerz verursacht, dauert es nur begrenzte Zeit, wenn es aber längere Zeit im Fleisch anhält, bedingt es nur schwachen Schmerz.[2]

7.

Ein Unrecht zu begehen und dabei unentdeckt zu bleiben, ist schwierig, Gewissheit zu erlangen, dass man unentdeckt bleibt, ist hingegen unmöglich.[3]

9.

Ein Übel ist die Notwendigkeit,[4] aber es besteht keine Notwendigkeit, mit der Notwendigkeit zu leben.

11.

Bei den meisten Menschen besteht das Ruhen in Betäubung, die Bewegung hingegen in Raserei.

14.

Geboren sind wir nur einmal, zweimal geboren zu werden ist nicht möglich – es ist notwendig, dass man eine Ewigkeit lang nicht mehr existiert –, du aber, der du nicht einmal Herr über den morgigen Tag bist, schiebst das Erfreuliche auf.[5] Das Leben wird durch Aufschieben vergeudet, ein jeder von uns stirbt, ohne zur Muße gelangt zu sein.

15.

Wir schätzen unseren Charakter als etwas uns eigenes, ob er nun nützlich ist und von den Menschen neidvoll betrachtet wird oder nicht; auf diese Weise müssen wir auch den Charakter unserer Nächsten schätzen, wenn er nur anständig ist.

16.

Keiner wählt ein Übel, wenn er es als ein solches wahrnimmt, aber man wird von ihm gefangen, wenn man von ihm verführt wird wie von etwas, das gut ist, im Verhältnis zu dem, was noch schlechter ist als es selbst.[6]

17.

Nicht der junge Mann ist selig zu preisen, sondern der alte, der gut gelebt hat, denn der junge Mensch in seiner Blüte wird vom Zufall hin und her gezerrt, indem er mal dieses, mal jenes denkt. Der alte Mann hingegen hat wie in einem Hafen im Alter den Anker geworfen, indem er die guten Dinge, die er früher nicht erhofft hatte, in sichere Dankbarkeit eingeschlossen hat.[7]

18.

Hebt man den Anblick, den gegenseitigen Verkehr und Umgang auf, wird die erotische Leidenschaft beseitigt.[8]

19.

Wer vergisst, des ihm widerfahrenen Guten zu gedenken, der ist heute schon zum Greis geworden.[9]

21.

Nicht zwingen darf man die Natur, sondern muss sie überzeugen. Wir werden aber die notwendigen Begierden überzeugen, indem wir sie befriedigen, die natürlichen ebenso, vorausgesetzt, dass sie nicht schaden, die schädlichen aber, indem wir sie scharf widerlegen.[10]

23.

Jede Freundschaft ist um ihrer selbst willen wählenswert; ihren Anfang hat sie aber vom Nutzen genommen.[11]

24.

Träume haben weder eine göttliche Natur noch haben sie die Fähigkeit zur Weissagung, vielmehr entstehen sie durch das Einfallen von Bildern.[12]

25.

Armut, die nach dem Ziel der Natur bemessen ist, ist ein großer Reichtum, Reichtum, der nicht begrenzt ist, ist eine große Armut.[13]

26.

Man muss erfassen, dass die lange und die kurze Darlegung dasselbe Ziel verfolgen.[14]

27.

Bei den anderen Betätigungen kommt der Ertrag nur für die, die sie mit Mühen abgeschlossen haben, bei der Philosophie hingegen begleitet das Vergnügen das Erkennen; denn nicht nach dem Lernen kommt der Genuss, sondern gleichzeitig mit dem Lernen stellt sich der Genuss ein.[15]

28.

Weder die, die der Freundschaft zu bereitwillig, noch die, die ihr zögerlich gegenüberstehen, dürfen unsere Billigung finden. Aber man muss sich um der Freundschaft willen in Gefahren begeben.

29.

Die Freimütigkeit der Naturphilosophen gebrauchend, möchte ich lieber das für alle Menschen Nützliche weissagen, sogar dann, wenn keiner mich verstehen sollte, als den üblichen Meinungen zuzustimmen und dadurch in den Genuss des konstanten Lobs zu kommen, das von der Menge herrührt.

31.

Gegenüber anderen Dingen kann man sich Sicherheit verschaffen, im Hinblick auf den Tod bewohnen wir Menschen alle eine Stadt ohne Mauern.[16]

32.

Die Verehrung des Weisen ist ein großes Gut für den, der ihn verehrt.[17]

33.

Die Stimme des Fleisches sagt: nicht hungern, nicht dürsten, nicht frieren. Wenn dies einer hat und hoffen kann, es auch in Zukunft zu haben, könnte er sich selbst mit Zeus messen, was das Glück angeht.

34.

Wir bedürfen nicht so sehr des von den Freunden herrührenden Nutzens als des Vertrauens auf diesen Nutzen.[18]

35.

Man soll nicht das Anwesende aus Begierde für das Abwesende schlecht machen, sondern muss bedenken, dass auch das Anwesende einmal zu dem Gewünschten gehört hat.[19]

37.

Schwach ist die Natur gegenüber dem Übel, nicht gegenüber dem Guten; denn durch Lüste wird sie erhalten, während sie durch Schmerzen aufgelöst wird.

38.

Ganz kleinmütig ist der, der viele vernünftige Gründe dafür hat, aus dem Leben zu scheiden.[20]

### 39.

Weder der, der ständig den Nutzen sucht, ist ein Freund, noch der, der niemals die Freundschaft mit dem Nutzen verknüpft, denn der Erstere feilscht mit seiner Gunst um eine Gegenleistung, während der Letztere die Zuversicht hinsichtlich der Zukunft abschneidet.[21]

### 40.

Der, der sagt, dass alles mit Notwendigkeit geschieht, hat nichts gegen den einzuwenden, der sagt, dass nicht alles mit Notwendigkeit geschieht; denn er behauptet, dass genau dies mit Notwendigkeit geschieht.[22]

### 41.

Man muss zur selben Zeit lachen, philosophieren, das Haus verwalten und das übrige Eigentum gebrauchen und darf niemals aufhören, die aus der richtigen Philosophie gewonnenen Aussprüche kundzutun.

### 42.

In derselben Zeit erfolgt die Entstehung und der Genuss des höchsten Gutes.[23]

### 43.

Geldgierig zu sein ist frevelhaft in Bezug auf ungerecht Erworbenes, in Bezug auf gerecht Erworbenes ist es schändlich; denn es gehört sich nicht, auf schäbige Weise geizig zu sein, selbst wenn es um gerecht Erworbenes geht.[24]

### 44.

Im Hinblick auf die Notwendigkeiten des Lebens versteht es der Weise verglichen mit anderen besser zu geben als zu nehmen; einen solchen Schatz an Selbstgenügsamkeit[25] hat er gefunden.

## 45.

Die Naturforschung bringt nicht Menschen hervor, die prahlerisch und großsprecherisch auftreten oder mit der bei der Menge umkämpften Bildung angeben, sondern solche, die selbstbewusst und selbstgenügsam sind und die auf ihre eigenen inneren Güter und nicht auf äußere Dinge stolz sind.

## 46.

Die schlechten Angewohnheiten vertreiben wir restlos wie schlechte Menschen, die uns über eine lange Zeit hinweg sehr geschädigt haben.

## 48.

Wir müssen versuchen, den folgenden Tag besser zu machen als den vorhergehenden, solange wir auf dem Weg sind. Sobald wir am Ziel angelangt sind, sollen wir eine gleichmäßige Freude empfinden.[26]

## 51.

Ich erfahre von dir, dass die Erregung des Fleisches dich im Übermaß zum geschlechtlichen Verkehr drängt. Wenn du weder Gesetze brichst noch die guten Sitten verletzt, noch einem deiner Nächsten Schaden zufügst, noch dein eigenes Fleisch aufreibst, noch die notwendigen Dinge vergeudest, dann geh ruhig so, wie du willst, deiner Neigung nach. Freilich ist es nicht machbar, nicht wenigstens gegen eine dieser Bedingungen zu verstoßen; die erotische Vergnügung hat nämlich noch nie jemandem genutzt, man muss sogar froh sein, wenn sie nicht geschadet hat.[27]

## 52.

Die Freundschaft tanzt um die Welt und fordert uns alle auf, aufzuwachen zum Glück.

53.

Niemanden soll man beneiden; denn die Guten verdienen den Neid nicht, die Schlechten aber richten sich selbst umso mehr zugrunde, je mehr Glück[28] sie haben.

54.

Man darf nicht vorgeben zu philosophieren, sondern muss wirklich philosophieren, denn wir bedürfen nicht des Anscheins gesund zu sein, sondern der wirklichen Gesundheit.[29]

55.

Die Unglücksfälle muss man durch Dankbarkeit für das Verlorene heilen und durch die Erkenntnis, dass man das Vergangene nicht ungeschehen machen kann.[30]

56.–57.

Der Weise empfindet nicht mehr Schmerz, wenn er selbst gefoltert wird <als wenn sein Freund gefoltert wird und für ihn wird er sterben; wenn er aber> den Freund (preisgibt), wird sein ganzes Leben wegen Treulosigkeit zerstört und zerrüttet sein.[31]

58.

Befreien muss man sich aus dem Gefängnis der alltäglichen und politischen Betätigungen.

59.

Unersättlich ist nicht der Magen,[32] wie die Menge sagt, sondern die falsche Meinung über das unbegrenzte Fassungsvermögen des Magens.

60.

Jeder scheidet aus dem Leben als sei er gerade erst geboren.[33]

61.

Am schönsten ist auch der Anblick unserer Nächsten, wenn das erste Zusammentreffen einträchtig war oder wenn zumindest großer Wert auf dieses Ziel gelegt wurde.

62.

Wenn denn die Eltern einen berechtigten Zorn gegenüber ihren Kindern haben, dann ist es gewiss vergeblich, zu widersprechen und nicht um Verzeihung zu bitten, wenn der Zorn aber nicht berechtigt, sondern eher unvernünftig ist, dann ist es vollends lächerlich, seinem Groll nachzugeben und die Unvernunft noch mehr zu entflammen,[34] anstatt einsichtsvoll zu reagieren und zu versuchen, sie auf andere Weisen umzustimmen.

63.

Auch in der Einfachheit liegt Lauterkeit; wer dies nicht bedenkt, dem widerfährt etwas Ähnliches wie dem, der an der Maßlosigkeit scheitert.

64.

Das Lob von anderen muss von selbst folgen, wir aber müssen um unsere eigene Heilung besorgt sein.

65.

Es hat keinen Sinn, von den Göttern zu erbitten, was einer sich selbst verschaffen kann.

66.

Wir wollen das Leiden der Freunde teilen, nicht indem wir (mit ihnen) jammern, sondern für sie Sorge tragen.[35]

67.

Ein freies Leben kann nicht viel Geld erwerben, weil dies nicht leicht ist ohne Unterwerfung unter die Menge oder die

Mächtigen, aber es besitzt alles in anhaltendem Überfluss. Wenn es aber irgendwie zufällig in den Besitz von viel Geld gerät, dann kann es dies leicht verteilen, um das Wohlwollen des Nächsten zu erwerben.

68.

Nichts ist ausreichend für den, der das Ausreichende für wenig hält.

69.

Die Undankbarkeit der Seele macht das Lebewesen lüstern nach unendlicher Abwechslung in der Lebensführung.

70.

Du sollst nichts im Leben tun, was dir Furcht bereiten wird, wenn es von deinem Nachbarn entdeckt würde.[36]

71.

An alle Begierden muss man die folgende Frage richten: Was wird mir widerfahren, wenn das Ziel der Begierde erreicht ist? Und was, wenn es nicht erreicht wird?[37]

73.

Auch das Entstehen bestimmter körperlicher Schmerzen nützt für die Abwehr von gleichartigen Schmerzen.[38]

74.

In einer philosophischen Argumentation gewinnt der Unterlegene mehr, insofern er etwas dazugelernt hat.[39]

75.

Im Hinblick auf das vergangene Gute ist der Ausspruch, der da sagt: »Schau auf das Ende eines langen Lebens«[40] undankbar.

### 76.

Du bist ein alter Mann von der Art, von welcher zu sein ich empfehle, und du hast genau erkannt, wie es ist, für sich selbst zu philosophieren, und wie für Griechenland: Ich freue mich mit dir.

### 77.

Die bedeutendste Frucht der Selbstgenügsamkeit ist die Freiheit.[41]

### 78.

Dem Edlen ist am meisten an Weisheit und Freundschaft gelegen, wovon das eine ein vergängliches Gut ist, das andere ein unsterbliches.

### 79.

Wer ohne innere Unruhe ist, wird weder sich selbst noch einem anderen zur Last.

### 80.

Für den jungen Menschen besteht der Anteil an Rettung seiner selbst in der Beachtung seines Alters und in der Abwehr von denen, die alles durch ihre rasenden Begierden verderben.

### 81.

Die Beunruhigung der Seele zu lösen oder eine nennenswerte Freude zu verschaffen, leistet weder der größte Reichtum noch die Ehre und das Ansehen bei der Menge, noch irgend etwas anderes von den Dingen mit den unbegrenzten Ursachen.[42]

# IV.
# Ausgewählte Zeugnisse zu Epikurs Lustbegriff

## Test. 1

DL X, 136 (aus Usener 1)

Er (Epikur) unterscheidet sich aber von den Kyrenaikern[1] in Bezug auf die Lust: Diese nämlich anerkennen keine zuständliche (*katastematike*) Lust, sondern nur die in der Bewegung befindliche; er (Epikur) aber anerkannte beide Arten von Lust.[2]

## Test. 2

DL X, 136 (Usener 2)

In der Schrift *Über das Wählen* äußert sich Epikur wie folgt: Die Freiheit von Beunruhigungen (*ataraxia*) und die Beschwerdelosigkeit (*aponia*) sind zuständliche (*katastematikai*) Arten von Lust; Freude und Fröhlichkeit hingegen werden als in der Bewegung wirklich angesehen.[3]

## Test. 3

DL X, 137 (aus Usener 66)

Als Beweis für die Annahme, dass die Lust das Ziel sei, führt er die Beobachtung an, dass die Lebewesen gleich von Geburt an mit ihr zufrieden sind, während sie sich dem Schmerz widersetzen – und dies von Natur aus und ohne Überlegung.[4]

## Test. 4

DL X, 138 (Usener 504)

Wegen der Lust werden auch die Tugenden gewählt und nicht um ihrer selbst willen, so wie auch die Heilkunst wegen der Gesundheit gewählt wird.[5]

## Test. 5

DL X, 138 (Usener 506)

Epikur sagt auch, dass allein die Tugend von der Lust unabtrennbar sei, während alles andere von ihr abgetrennt werden könne, wie zum Beispiel das Essbare.[6]

### Test. 6

Athenaios XII, 547a (Usener 512)

Ich spucke auf das Edle (*kalon*) und auf die, die es verständnislos bewundern, wenn es keine Lust hervorbringt.[7]

### Test. 7

Athenaios XII, 546f (Usener 409)

Anfang und Wurzel von jedem Guten ist die Lust des Magens: Auch das Weise und Bedeutende beziehen sich nämlich auf diese zurück.[8]

### Test. 8

Athenaios XII, 546f (Usener 70)

Ehren muss man das Edle und die Tugenden und das übrige Gleichartige, wenn es denn Lust bereitet, wenn es aber keine Lust bereitet, dann muss man es verabschieden.[9]

### Test. 9

Porphyrios, *Ad Marcellam* 31 (Usener 221)

Leer ist die Erklärung jenes Philosophen, durch welche kein menschlicher Affekt (*pathos*) geheilt wird; denn so wie auch die Heilkunst keinen Nutzen hat, wenn sie nicht die Krankheiten aus den Körpern vertreibt, so hat auch die Philosophie keinen Nutzen, wenn sie nicht den Affekt[10] der Seele vertreibt.[11]

### Test. 10

Seneca, *Epistulae* 85, 18 (Usener 508)

Epikur meint auch, dass man glücklich sei, wenn man die Tugend besitze; jedoch sei die Tugend selbst nicht hinreichend für das glückliche Leben, weil diejenige Lust, die aus der Tugend entsteht, das Leben glücklich mache, aber eben nicht die Tugend selbst.[12]

### Test. 11

Plutarch, *Moralia* 778c (Usener 544)

Epikur, der das Gut in die Tiefe der Ruhe versetzt wie in einen wellenlosen und stillen Hafen,[13] sagt, dass Gutes zu tun nicht nur edler sei als Gutes zu erleiden, sondern dass es auch lustvoller sei. Nichts nämlich rufe soviel Freude hervor wie Dankbarkeit.

### Test. 12

Cicero, *Tusculanes* V, 96 (aus Usener 439, LS 21T)

Der Körper freue sich so lange, wie er die gegenwärtige Lust wahrnimmt; der Geist aber nehme zusammen mit dem Körper die gegenwärtige Lust wahr, sehe der in der Zukunft eintreffenden Lust entgegen und lasse die vergangene Lust nicht einfach abfließen. So werden im Weisen immer beständige und miteinander verbundene Lustempfindungen vorhanden sein, weil die Erwartung erhoffter Lustempfindungen mit der Erinnerung an vergangene verknüpft wird.[14]

### Test. 13

Cicero, *De finibus* I, 29–30

Wir fragen also, welches das höchste und äußerste Gut sei, das nach der Meinung aller Philosophen von der Art sein muss, dass sich alles andere auf es beziehen muss, es selbst sich aber auf kein anderes bezieht. Dieses (höchste Gut) setzt Epikur nun in die Lust, von der er will, dass sie das höchste Gut sei; und das größte Übel sei der Schmerz, und er versucht dies auf folgende Weise darzulegen: Jedes Lebewesen strebe, sogleich wenn es geboren wird, nach der Lust und freue sich an ihr wie an dem höchsten Gut, den Schmerz aber verschmähe es wie das größte Übel und versuche, soweit es möglich ist, diesen von sich fern zu halten – dies tue es, solange es noch nicht verdorben sei und seine Natur selbst unkorrumpiert und unverfälscht urteile.[15] Deswegen bestreitet er (Epikur), dass man einen Beweis oder eine Erörterung dafür brauche, weswegen die Lust erstrebenswert und der Schmerz zu vermeiden sei.[16] Er ist der Meinung, dass man das spüre, so wie man spüre, dass das Feuer heiß, der Schnee weiß und der Honig süß sei. Davon müsse man nichts mit ausgesuchten Beweisen bestätigen, vielmehr genüge es, nur daran zu erinnern.

## Test. 14

Cicero, *De finibus* I, 37–38

Wir erstreben nämlich nicht nur die Lust, die durch eine gewisse Annehmlichkeit auf die Natur selbst einwirkt und mit einem angenehmen Gefühl durch die Sinne aufgenommen wird, vielmehr halten wir jene Lust für die größte, die wir dann empfinden, wenn jeglicher Schmerz aufgelöst wird.[17] Denn weil wir uns, wenn wir vom Schmerz befreit werden, schon über die Befreiung selbst und über das Freisein von jeglichem Mangel freuen, alles aber, worüber wir uns freuen, Lust ist, sowie alles, wovon wir abgestoßen werden, Schmerz ist, wird die Befreiung von jeglichem Schmerz völlig zu Recht ›Lust‹ genannt. Wie nämlich, wenn durch Speise und Trank Hunger und Durst vertrieben werden, die Beseitigung des Mangels selbst als Folge die Lust hervorbringt, so hat in jeder Sache die Beseitigung des Schmerzes die Lustempfindung zur Folge. Deshalb war Epikur nicht der Ansicht, dass es ein Mittleres zwischen Schmerz und Lust gebe;[18] er meinte nämlich, dass jenes selbst, was von manchen für das Mittlere gehalten wird, wenn nämlich Freiheit von jeglichem Schmerz besteht, nicht nur die Lust, sondern tatsächlich sogar die höchste Lust sei. Denn jeder, der empfindet, auf welche Weise er affiziert ist, befindet sich notwendigerweise entweder in einem lustvollen oder in einem schmerzlichen Zustand. Epikur aber war der Meinung, dass das Freisein von jeglichem Schmerz die höchste Lust bestimme, so dass danach die Lust nur noch variiert und differenziert, aber nicht mehr erweitert und verstärkt werden könne.

## Test. 15

Cicero, *De finibus* II, 9–10 (aus LS 21Q)

Empfindet denn, möchte ich fragen, der Dürstende beim Trinken Lust? – Wer könnte dies abstreiten? – Ist das dieselbe Lust, wie wenn der Durst gelöscht ist? – Nein, es ist eine andere Lust. Denn wenn der Durst gelöscht ist, hat er eine Beständigkeit der Lust; jene Lust des Durstlöschens aber ist in

Bewegung. – Warum aber bezeichnest du Dinge, die sich unähnlich verhalten, mit demselben Namen? – Erinnerst du dich denn nicht an das, was ich kurz zuvor gesagt habe, nämlich daran, dass, wenn jeglicher Schmerz beseitigt ist, die Lust nur noch variiert, aber nicht mehr gesteigert wird?[19]

# V.
# Brief an Herodot

Epikur sendet seine Grüße an Herodot. 34

Für die, mein lieber Herodot, die nicht in der Lage sind, jede 35
der von uns aufgezeichneten Einzelheiten über die Natur genau durchzuarbeiten, und die auch nicht in der Lage sind, die längeren der von uns verfassten Bücher durchzugehen, habe ich eine Zusammenfassung der ganzen Abhandlung verfasst,[1] um ihnen die grundlegendsten Lehren hinreichend ins Gedächtnis einzuprägen, damit sie bei jeder Gelegenheit in der Lage sind, sich selbst in den wichtigsten Dingen zu helfen, soweit sie sich mit der Betrachtung der Natur befassen. Auch die, die in der Erfassung des Ganzen schon hinreichend fortgeschritten sind, müssen sich den grundlegendsten Umriss der gesamten Abhandlung in Erinnerung rufen: Die umfassende Hinwendung benötigen wir nämlich häufig, die Hinwendung[2] zu den Einzelheiten benötigen wir nicht in der selben Weise.

Man muss auch beständig auf jene (grundlegenden Dinge) 36
zugreifen und sie soweit in Erinnerung rufen, dass auf ihrer Grundlage die maßgebliche Hinwendung zu den Dingen erfolgen wird und man auch jede Vertiefung bei den Einzelheiten wird finden können, indem man einmal die wichtigsten Umrisse gut erfasst und sich im Gedächtnis eingeprägt hat. Denn auch für den vollendeten Experten ist dies das Wichtigste für jede Vertiefung der Einzelheiten, nämlich in der Lage zu sein, sich den Dingen genau zuzuwenden, und dies ist unmöglich,[3] wenn man nicht alles auf die einfachen Elemente und Worte zurückbezieht. Denn man kann nicht das konzentrierte Resultat unseres Durchgangs durch das Ganze verstehen, wenn man nicht in der Lage ist, durch kurze Worte alles in sich zusammenzufassen, was auch im Einzelnen vertieft werden kann.

Weil also allen, die sich mit der Naturforschung vertraut ge- 37
macht haben, ein solches Vorgehen nützlich ist, habe ich, der

ich zu beständiger Betätigung in der Naturforschung mahne und in einer solchen in höchstem Maße in meinem Leben Ruhe bewirkt habe, für dich auch eine solche Zusammenfassung und einen elementaren Abriss der ganzen Lehren verfasst.

Zuerst also, mein lieber Herodot, ist es erforderlich, die den Worten zugrunde gelegten Bedeutungen erfasst zu haben,[4] damit wir etwas haben, auf das wir die Meinungen oder Fragen oder Probleme zurückführen und dadurch Entscheidungen treffen können, und uns nicht alles unentschieden bleibt, indem wir ins Unendliche gehende Beweise formulieren oder leere Worte gebrauchen.

38 Es ist nämlich notwendig, dass wir den ersten Gedanken, der mit jedem Wort verbunden ist, sehen und dass er nicht zusätzlich eines Beweises bedarf, wenn wir denn etwas haben sollen, worauf wir den Gegenstand der Fragen, der Probleme und Meinungen zurückführen werden. Ferner muss man in allem sowohl die Sinneswahrnehmungen beachten als auch die unmittelbar gegenwärtigen Hinwendungen entweder des Gedankens oder eines der anderen Kriterien, ebenso aber auch die gegenwärtigen Empfindungen, damit wir auch etwas haben, womit wir das deuten können, was einer Bestätigung noch bedarf, sowie das Nichtsichtbare.[5]

Nachdem wir aber dies erfasst haben, müssen wir als nächstes zu einer Zusammenschau über die Dinge gelangen, die nicht sichtbar sind.[6] Erstens entsteht nichts aus dem Nicht-Seienden. Alles würde nämlich dann aus allem entstehen, weil es keinerlei Samen benötigte.[7]

39 Und wenn das, was verschwindet, in das Nicht-Seiende verginge, dann wären schon alle Dinge zugrunde gegangen, weil es dann nichts gäbe, in das hinein es sich auflöst. Jedoch war das All immer ein solches, wie es nun im Moment ist, und es wird immer ein solches sein. Denn es gibt nichts, in das es sich verwandeln würde. Neben dem All gibt es nämlich

nichts, das in es eindringen und die Veränderung auslösen könnte.[8]

Außerdem[9] besteht das All aus Körpern und Leerem. Dass es nämlich Körper gibt, das bestätigt in allen Fällen die Sinneswahrnehmung, gemäß welcher das Nicht-Sichtbare durch Überlegung bezeugt werden muss, wie ich im Vorhergehenden sagte.[10]

Wenn es aber nicht das gäbe, was wir ›Leeres‹, ›Raum‹ oder 40
›unberührbare Natur‹ nennen, so hätten die Körper keinen Ort, wo sie sein könnten oder durch den sie sich bewegen könnten, wie sie sich aber offensichtlich bewegen.[11] Neben diesen (Körper und Leerem) kann nichts gedacht werden, weder auf dem Wege der Auffassung noch durch Analogie zu den aufgefassten Dingen, zumindest nicht wie etwas, das als ganze Natur erfasst wird, und nicht im Sinne von zeitlich begrenzten oder ständigen Eigenschaften von diesen.[12]

Außerdem[13] sind von den Körpern die einen Zusammensetzungen, die anderen sind die, aus denen die Zusammensetzungen gebildet sind.

Diese sind unteilbar (*atoma*) und unveränderlich, wenn 41
nicht alles in das Nicht-Seiende vergehen soll, sondern als etwas Kräftiges in den Auflösungen der Zusammensetzungen bestehen bleibt, indem es seiner Natur nach massiv ist und nichts hat, wohin und auf welche Weise es sich auflösen könnte. Daher müssen die grundlegenden Dinge unteilbare körperliche Naturen sein.[14]

Außerdem ist das All unbegrenzt.[15] Das Begrenzte hat nämlich ein Äußerstes. Ein Äußerstes aber wird im Verhältnis zu etwas anderem betrachtet; das All aber wird nicht im Verhältnis zu etwas anderem betrachtet. Daher hat das All als etwas, das kein Äußerstes hat, auch keine Grenze. Was aber keine Grenze hat, dürfte wohl unbegrenzt sein und nicht begrenzt. Außerdem ist das All sowohl der Zahl der Körper nach unbegrenzt als auch der Ausdehnung des Leeren nach.[16]

42 Denn wenn das Leere unbegrenzt wäre, die Körper aber begrenzt, dann würden wohl die Körper nirgendwo bleiben, sondern sich zerstreut durch das unbegrenzte Leere bewegen, weil sie nichts hätten, was sie unterstützen oder durch Rückstoß aufhalten könnte. Wenn aber das Leere begrenzt wäre, dann hätte die unbegrenzte Anzahl an Körpern keinen Ort, wo sie sich aufhalten könnte. Außerdem sind die unteilbaren und massiven Körper, aus denen die Zusammensetzungen entstehen und in die sie sich auflösen, unerfassbar im Hinblick auf die Unterschiede ihrer Gestalten; denn es ist nicht möglich, dass so viele Unterschiede aus denselben erfassten Gestalten entstanden sind.[17] Und von jeder Art von Gestalt gibt es schlechthin unbegrenzt viele gleichgestaltige (Atome), im Hinblick auf die Unterschiede jedoch sind sie nicht schlechthin unbegrenzt, sondern lediglich unerfassbar (viele).[18]

43 Es bewegen sich aber die Atome kontinuierlich[19] für immer, wobei sich die einen weit voneinander entfernen, die anderen aber eine Schwingung am selben Ort ausführen, wenn sie in eine Verbindung eingebunden oder von verflochtenen Atomen eingeschlossen sind.[20]

44 Denn die Natur des Leeren, die ein jedes von diesen abtrennt, bringt dies zustande, da sie nicht in der Lage ist Widerstand zu leisten. Und die bei ihnen vorhandene Festigkeit bewirkt beim Zusammenstoß den Rückprall, soweit die Verflechtung das Abprallen aufgrund des Zusammenstoßes erlaubt. Einen Anfang von diesen Dingen gibt es nicht, weil die Atome und das Leere ewig sind.[21]

45 Wenn man dies alles im Gedächtnis bewahrt, dann liefert eine Formulierung, die so knapp ist wie diese, einen hinreichenden Umriss für die Untersuchung der Natur der Dinge.

Außerdem gibt es eine unbegrenzte Anzahl von Welten; die einen sind der unsrigen ähnlich, die anderen sind ihr unähnlich. Denn die Atome, die, wie gerade gezeigt, der Zahl nach unbegrenzt viele sind, bewegen sich selbst zu den entferntesten (Orten). Die Atome, die so beschaffen sind, dass aus ihnen eine Welt entstehen oder gemacht werden könnte, werden nämlich weder für eine einzige Welt noch für eine begrenzte Anzahl von Welten aufgebraucht, und zwar weder für Welten wie diese noch für andersartige Welten. Folglich gibt es nichts, was sich der unendlichen Anzahl von Welten entgegenstellen würde.[22]

Außerdem gibt es Abdrücke (*typoi*), die dieselbe Gestalt ha- 46
ben wie die festen Körper, sich aber an Feinheit sehr von den sichtbaren Dingen unterscheiden. Denn weder ist es unmöglich, dass solche Ablösungen in der Umgebung (der Dinge) entstehen und dass sich günstige Umstände für die Entstehung von hohlen und dünnen (Abdrücken) ergeben, noch ist es unmöglich, dass es Ausströmungen gibt, die die entsprechende Position und Ordnung aufrechterhalten, die sie auch in den festen Körpern hatten. Diese Abdrücke nennen wir ›Abbilder‹.[23]

Da außerdem ihre Fortbewegung durch das Leere ohne jeden Widerstand von zurückstoßenden Partikeln erfolgt, legen sie jede auch nur erfassbare Entfernung in undenkbar kurzer Zeit zurück. Denn der Rückstoß und das Ausbleiben von Rückstoß nimmt eine Ähnlichkeit mit Langsamkeit und Schnelligkeit an.

Jedoch kommt der sich bewegende Körper selbst, wenn wir 47
von den mit der Vernunft erfassbaren Zeiteinheiten sprechen, nicht zur selben Zeit an mehreren Orten an, denn dies ist undenkbar. Und dieser wird sich nicht, wenn er in wahrnehmbarer Zeit von irgendeinem Ort im Unendlichen her ankommt, von dem Ort entfernt haben, an dem wir die Bewegung wahrgenommen haben; denn es wird sich etwas dem Rückstoß Vergleichbares einstellen, auch wenn wir bis jetzt die Geschwindigkeit der Bewegung als frei von Rückstößen betrachtet haben. Es ist nützlich, sich auch diesen Elementarsatz einzuprägen.

Als nächstes widerspricht keines der wahrnehmbaren Phänomene der Annahme, dass die Abbilder eine unübertreffliche Feinheit aufweisen. Und das ist der Grund, warum sie auch eine unübertreffliche Geschwindigkeit haben, da jeder Durchgang für sie passend ist, abgesehen davon, dass sich ihrem Ausströmen[24] nichts oder nur weniges entgegensetzt, während einer großen oder unbegrenzten Zahl von Atomen sich sofort etwas entgegensetzt.[25]

48 Außerdem widerspricht nichts der Annahme, dass die Entstehung der Abbilder gleich schnell wie ein Gedanke vor sich geht; denn es gibt eine kontinuierliche Ausströmung von der Oberfläche der Körper, was jedoch wegen der Wiederauffüllung (mit Atomen) nicht durch einen Verlust an Masse auffällt; die Ausströmung bewahrt für eine lange Zeit die Position und Ordnung der Atome im festen Körper, auch wenn sie manchmal durcheinander geraten. Auch entstehen Verbindungen (von Atomen zu Abbildern) schnell in dem, was die Dinge umgibt, weil die Tiefe nicht aufgefüllt zu werden braucht. Und es gibt noch andere Weisen, wie solche Naturen hervorgebracht werden. Keiner dieser Annahmen wird nämlich durch die Wahrnehmungen widersprochen, wenn man bedenkt, auf welche Weise die Wahrnehmung die evidenten Tatsachen von den außerhalb unserer selbst befindlichen Gegenständen zu uns überträgt, so dass übereinstimmende Empfindungen entstehen.[26]

49 Man muss auch annehmen, dass, wenn etwas von dem äußeren Gegenstand herkommend in uns eindringt, wir die entsprechenden Gestalten sehen und denken. Nicht nämlich könnten die äußeren Gegenstände ihre eigene Natur der Farbe und der Gestalt durch die zwischen uns und jenen befindliche Luft einprägen, noch durch Strahlen oder durch irgendwelche Strömungen, die von uns zu jenen Gegenständen führen, so wie sie es mithilfe bestimmter Abdrücke können, die von den Dingen ausgehend mit derselben Farbe und Gestalt wie jene gemäß einer zum Sehsinn und Verstand passenden Größe in uns eindringen, wobei sie sich einer schnellen Bewegung bedienen.

Dann hinterlassen sie aus diesem Grund die Vorstellung 50
(*phantasia*) von einem einheitlichen und kontinuierlichen Ding und bewahren die vom zugrunde liegenden Gegenstand herrührende Übereinstimmung der Empfindung infolge der gleichmäßigen Einwirkung, die aus dem Schwingen der Atome in der Tiefe des festen Körpers herrührt. Und was für eine Vorstellung auch immer wir durch einen Akt des Erfassens, sei es durch das Denken oder die Sinnesorgane, empfangen, entweder von der Gestalt oder von den akzidentellen Eigenschaften, dies ist dann die Gestalt des festen Gegenstandes infolge der beständigen Wiederholung oder des Eindruckes, den das Bild hinterlassen hat.[27]

Das Falsche aber und die Täuschung liegen immer in dem, was man zusätzlich dazu meint über das, was darauf wartet, bestätigt oder nicht widerlegt zu werden, und dann letztlich nicht bestätigt wird <oder widerlegt wird>.[28]

Denn die Ähnlichkeit der Vorstellungen – die wie in ei- 51
nem Bild aufgenommen werden oder im Schlaf entstehen oder infolge von bestimmten anderen Hinwendungen des Verstandes oder der anderen Kriterien[29] – mit den als wirklich und wahr bezeichneten Dingen würde sich niemals einstellen, wenn es nicht auch so etwas gäbe, zu dem wir uns hinwenden. Die Täuschung hingegen würde es nicht geben, wenn wir nicht auch eine bestimmte andere Bewegung in uns selbst aufnehmen würden, die mit der vorstellenden Hinwendung[30] verknüpft ist, jedoch eine Abweichung enthält. Das Falsche entsteht wegen dieser, wenn sie nicht bestätigt oder widerlegt wird;[31] wenn sie aber bestätigt oder nicht widerlegt wird, dann entsteht das Wahre.

Auch diese Lehrmeinung muss man sich gründlich einprä- 52
gen, damit nicht die auf die evidenten Fakten bezogenen Kriterien aufgehoben werden und der Irrtum, wenn er in gleicher Weise etabliert würde, alles verwirrt.

Außerdem entsteht auch das Hören,[32] wenn eine bestimmte Ausströmung von dem Gegenstand ausgeht, der einen Ton abgibt, einen Schall oder ein Geräusch verursacht oder auf irgendeine andere Weise eine akustische Empfindung auslöst. Diese Ausströmung zerstreut sich in gleichteilige Portionen, die zugleich eine bestimmte wechselseitige Übereinstimmung an Qualitäten sowie eine eigentümliche Einheit bewahren, die sich bis zu dem auslösenden Gegenstand erstreckt und in der Regel den jenem entsprechenden Sinneseindruck bewirkt; wenn Letzteres aber nicht der Fall ist, dann macht sie lediglich offenbar, dass etwas von außen her einwirkt.

53 Denn ohne die Übertragung einer bestimmten von dort ausgehenden Übereinstimmung an Qualitäten würde ein solcher Sinneseindruck nicht zustande kommen. Man darf daher nicht annehmen, dass die Luft selbst von dem ausgesandten Laut oder auch den gleichartigen Dingen geformt würde – denn die Luft ist weit davon entfernt, dieses von jenem (dem Laut) zu erleiden –, vielmehr muss man annehmen, dass der Schlag, der in uns entsteht, wenn wir einen Laut aussenden, unmittelbar den Ausstoß von bestimmten Massen bewirkt, die eine hauchartige Ausströmung veranlassen, so dass er die akustische Empfindung in uns auslöst.

Außerdem muss man für den Geruch annehmen,[33] dass er gleich wie das Gehör niemals eine Empfindung bewirken könnte, wenn es nicht bestimmte Massen gäbe, die von dem Gegenstand ausgehen und dazu geeignet sind, das entsprechende Sinnesorgan in Bewegung zu setzen; die einen so, dass sie sich störend und befremdlich verhalten, die anderen so, dass sie keine Störung verursachen und vertraut sind.

54 Ferner muss man annehmen, dass die Atome keine der wahrnehmbaren Eigenschaften mit sich bringen, außer Gestalt, Gewicht und Größe und all dem, was notwendigerweise mit der Gestalt verbunden ist. Denn jede Eigenschaft verändert sich, die Atome hingegen verändern sich in keinerlei Hinsicht, da ja bei den Auflösungen der Verbindungen etwas Festes und Unauflösliches zurückbleiben muss, das dafür ver-

antwortlich ist, dass die Veränderungen nicht in das Nicht-Seiende und aus dem Nicht-Seienden erfolgen, sondern in vielen Fällen in Form von Umgestaltungen und in manchen Fällen auch durch Zu- und Abgang (von Atomen). Daher sind die Dinge, die umgestaltet werden, notwendigerweise unvergänglich und haben nicht die Natur des Veränderlichen in sich, sondern die ihnen eigentümlichen Massen und Gestalten. Diese nämlich bleiben notwendig.[34]

Denn auch bei den für uns erfahrbaren Dingen, die ihre Ge- 55
stalt durch Verlust von Materie ändern, wird die Gestalt als in dem Gegenstand bleibend aufgefasst, während die Qualitäten nicht in dem sich verändernden Gegenstand bleiben, so wie jene (die Gestalt) zurückbleibt, sondern aus dem ganzen Körper verschwinden. Daher sind diese zurückgebliebenen Dinge hinreichend, um die Unterschiede der zusammengesetzten Dinge zu erzeugen, da ja notwendigerweise etwas übrig bleibt und nichts in das Nicht-Seiende vergehen kann.

Aber man darf auch nicht meinen, dass jegliche Größe bei den Atomen vorkommt, damit die sinnlich wahrnehmbaren Phänomene kein widersprüchliches Zeugnis ablegen. Dass es aber gewisse Schwankungen der Größe gibt, dies muss man meinen. Besser wird man nämlich, wenn dies noch hinzukommt, die Vorgänge der Empfindungen und Sinneswahrnehmungen erklären können.

Hingegen anzunehmen, dass jede Größe vorkommt, ist 56
auch nicht zur Erklärung der Unterschiede der Eigenschaften nützlich, und außerdem müssten dann sichtbare Atome bei uns angekommen sein. Es lässt sich aber nicht beobachten, dass dies geschieht, und wie ein Atom sichtbar werden soll, lässt sich nicht ausdenken.

Außerdem darf man nicht meinen, in einem begrenzten Körper gäbe es unbegrenzt viele Massen von beliebig geringer Größe. Daher muss man nicht nur die ins Unendliche gehende Teilung zum Kleineren hin zurückweisen, damit wir nicht alles schwächen und damit wir nicht beim Erfassen der Verbindungen gezwungen sind, das Seiende in das Nicht-Seiende abzudrängen und dadurch aufzubrauchen. Aber man darf auch nicht annehmen, dass es bei den begrenzten Dingen einen Übergang ins Unendliche oder zum immer Kleineren gebe.

57 Denn wenn jemand behaupten sollte, dass es in einer Sache unendlich viele Massen gebe, gleich wie gering deren Größe sein soll, dann lässt sich dies nicht mehr denken: Denn wie sollte diese Größe dann noch begrenzt sein? Denn dass die unbegrenzt vielen Massen von einer bestimmten Größe sein müssen, ist doch klar. Und gleich, wie klein diese dann wären, so wäre die (Gesamt-)Größe doch unbegrenzt.

Weil nun das Begrenzte eine unterscheidbare äußerste Grenze hat, ist es, auch wenn die Grenze nicht an sich selbst beobachtbar ist, unmöglich, das in der Reihe jeweils darauf folgende Ding nicht als von der selben Art zu denken und, indem man sich der Reihe nach zum Nächsten bewegt, auf diese Weise das im Denken Unbegrenzte zu erreichen.

58 Mit Bezug auf die kleinsten Teile im Bereich der Sinneswahrnehmung muss man verstehen, dass sie weder so beschaffen sind, dass sie Übergänge aufweisen, noch dass sie diesen gänzlich und in jeder Hinsicht unähnlich sind, sondern dass sie eine gewisse Gemeinsamkeit mit den Dingen haben, die Übergänge aufweisen, dass sie aber keine Unterscheidbarkeit der Teile aufweisen. Aber sobald wir aufgrund der durch Gemeinsamkeit bestehenden Ähnlichkeit meinen, etwas von ihnen unterscheiden zu können, sei es hier, sei es dort, wird uns das Gleiche begegnen. Wir beobachten diese eines nach dem anderen, beginnend mit dem Ersten in der Reihe und nicht wie an derselben Stelle und auch nicht, als ob sich ihre Teile gegenseitig berühren, sondern wie sie aufgrund ihrer Eigenart die Größen messen, die Größeren als größer und die Kleineren als kleiner.[35]

Man muss annehmen, dass auch das Kleinste im Bereich des Atoms von derselben Analogie Gebrauch macht:

59 Denn offensichtlich unterscheidet sich jenes durch die Kleinheit von dem in der Sinneswahrnehmung Betrachteten. Es macht jedoch von demselben analogen Verhältnis Ge-

brauch. Denn dass auch das Atom eine Größe hat, haben wir gemäß der dort gültigen Analogie erklärt, indem wir lediglich etwas Kleines weit ausgedehnt haben, und ferner muss man annehmen, dass die kleinsten und unteilbaren Teile Grenzen darstellen, die aus sich heraus den ersten Maßstab für das Größer und Kleiner bereitstellen durch die theoretische Betrachtung unter Anwendung auf das Unsichtbare. Denn die bei ihnen gegebene Gemeinsamkeit zu den veränderlichen Dingen ist ausreichend, um uns bis zu diesem Punkt zu bringen; dass aber aus diesen (den Minima) eine Vereinigung entsteht, weil sie eine eigene Bewegung hätten, ist nicht möglich.

Außerdem darf man von dem Unbegrenzten[36] nicht das 60
Oben und Unten im Sinne von einem Obersten und Untersten aussprechen. Wir wissen doch, dass das über unserem Kopf Befindliche von der Stelle aus, an der wir uns befinden, auch wenn man es ins Unendliche verlängern kann, oder ebenso das unter uns Befindliche, wenn man es sich ins Unendliche denkt, uns niemals als dies erscheinen kann: zugleich und in derselben Hinsicht oben und unten zu sein. Dies nämlich zu denken, ist unmöglich.

Daher ist es möglich, als eine einzige Bewegung diejenige aufzufassen, die nach oben als ins Unendliche gehend gedacht wird, sowie diejenige, die nach unten als ins Unendliche gehend gedacht wird, auch wenn zehntausend Male das, was sich von uns aus zu den Orten über unserem Kopf bewegt, bei den Füßen der über uns Befindlichen ankommen soll oder das, was sich von uns aus nach unten bewegt, bei dem Kopf der unter uns Befindlichen. Denn die ganze Bewegung wird nicht weniger als eine gedacht, bei der die eine der anderen ins Unendliche gehend entgegengesetzt ist.[37]

Außerdem ist es notwendig, dass die Atome die gleiche 61
Geschwindigkeit aufweisen,[38] solange sie sich durch das Leere bewegen und sich ihnen dabei nichts in den Weg stellt. Weder nämlich bewegen sich die schweren schneller als die kleinen und leichten, solange ihnen jedenfalls nichts begegnet; noch bewegen sich die kleinen schneller als die gro-

ßen, weil sie alle einen angemessenen Durchgang haben, solange auch ihnen nichts entgegentritt; noch ist die Bewegung nach oben schneller oder die durch Zusammenstöße verursachte Bewegung zur Seite; auch nicht die durch die eigene Schwere bedingte Bewegung nach unten. Denn solange sich eine der Bewegungen behauptet, werden sie eine gedankenschnelle Bewegung haben, bis etwas entweder von außen her oder durch das eigene Gewicht einen Widerstand gegen die Kraft des antreibenden Gegenstandes leistet.

62 Außerdem wird man bei den zusammengesetzten Gegenständen sagen können, dass sich der eine schneller bewegt als der andere, obwohl die Atome (in ihnen) sich gleich schnell bewegen, weil sich die Atome innerhalb einer Verbindung auf einen Ort zubewegen, und zwar in kürzesten kontinuierlichen Zeitspannen, auch wenn sie dies nicht in den nur mit dem Verstand erfassbaren Zeiteinheiten tun. Aber sie kollidieren häufig, bis die Kontinuität der Bewegung sinnlich wahrnehmbar wird. Die Meinungen nämlich, die wir uns zusätzlich zu dem Nichtbeobachtbaren bilden, nämlich dass auch die nur mit dem Verstand erfassbaren Zeiteinheiten eine kontinuierliche Bewegung haben werden, sind in solchen Fällen nicht wahr. Denn wahr ist alles, was wirklich beobachtet oder mit der Hinwendung des Verstandes[39] erfasst wird.

63 Danach muss man erkennen, indem man das Erkannte auf die Wahrnehmungen und die Empfindungen zurückführt – denn so entsteht die festeste Gewissheit –, dass die Seele ein feinteiliger Körper ist, dem ganzen Aggregat eingestreut, am ähnlichsten aber dem Atem, der eine bestimmte Mischung mit dem Warmen hat und auf gewisse Weise diesem (dem Warmen), auf gewisse Weise aber jenem (dem Atem) gleicht. Es gibt aber einen (dritten) Teil, der sogar diese beiden an Feinheit übertrifft und dadurch in höherem Maße mit dem restlichen Aggregat zusammen affiziert werden kann.[40] Dies alles wird durch die Fähigkeiten der Seele offenbart, die Empfindungen, die Leichtigkeit ihrer Bewegungen, die Tätigkeiten des Verstandes sowie das, bei dessen Verlust wir sterben.

Außerdem muss man erkennen, dass es die Seele ist, die in erster Linie Ursache für die Sinneswahrnehmung ist.[41]

Sie hätte jedoch nicht diese (die Sinneswahrnehmung), wenn 64
sie nicht irgendwie vom restlichen Aggregat eingeschlossen wäre. Das restliche Aggregat aber hat, indem es jene zu dieser Ursache gemacht hat, auch selbst durch den Einfluss von jener Anteil an dieser Eigenschaft – natürlich hat es nicht an allen Eigenschaften teil, die jene (die Seele) hat. Das ist der Grund, warum das Aggregat keine Sinneswahrnehmung mehr hat, nachdem sich die Seele entfernt hat. Denn es besaß diese Fähigkeit nicht selbst in sich selbst, sondern verhalf einem anderen, das zugleich mit ihm entstanden ist, dazu. Dieses andere (die Seele) brachte sofort für sich selbst die Eigenschaft zur Wahrnehmung hervor durch die Aktualisierung der an ihm selbst befindlichen Fähigkeit infolge der Bewegung und übergab sie auch jenem (dem restlichen Aggregat) durch die Nähe und die übereinstimmende Affizierbarkeit, wie ich schon sagte.

Dies ist auch der Grund, warum die im Aggregat befindli- 65
che Seele niemals die Fähigkeit zur Sinneswahrnehmung verlieren wird, selbst wenn ein anderer Teil entfernt wurde. Aber die Seele wird, gleichgültig, was von ihr mit vernichtet wird, wenn sich das sie einschließende (Aggregat) auflöst, entweder als Ganzes oder ein bestimmter Teil davon, sofern sie überhaupt erhalten bleibt, die Wahrnehmungsfähigkeit bewahren. Wenn hingegen das restliche Aggregat sowohl als Ganzes als auch in Teilen erhalten bleibt, hat es dennoch keine Wahrnehmung, wenn jene Zahl von Atomen entfernt wurde, die zur Natur der Seele gehört. Wenn sich aber nun das ganze Aggregat auflöst, dann zerstreut sich die Seele und hat nicht mehr dieselben Fähigkeiten und bewegt sich auch nicht mehr, weswegen sie auch keine Wahrnehmung mehr besitzt.[42]

Es ist nämlich nicht möglich, sich es als wahrnehmend zu 66
denken, obwohl es sich nicht in dieser Verbindung befindet und von diesen Bewegungen Gebrauch macht, wenn das Ein-

schließende und Umgebende nicht von der Art ist, in welcher es sich nun tatsächlich befindet und über diese Bewegungen verfügt.[43]

67 Außerdem muss man aber auch dies bedenken, dass wir von dem ›Unkörperlichen‹ in der geläufigsten Verwendung des Wortes mit Bezug auf das sprechen, was als selbstständig existierend gedacht werden könnte; als selbstständig Existierendes ist das Unkörperliche nicht denkbar – abgesehen vom Leeren. Das Leere wiederum kann weder etwas bewirken noch erleiden, sondern gewährt lediglich den Körpern Bewegung durch sich selbst. Deswegen reden die, die behaupten, dass die Seele unkörperlich sei, unnützes Zeug. Denn sie wäre nicht in der Lage etwas zu bewirken oder zu erleiden, wenn sie von dieser Art wäre; nun verhält es sich aber so, dass wir dies beides auf evidente Weise als Eigenschaften der Seele auffassen.

68 Wenn man alle diese die Seele betreffenden Überlegungen auf die Empfindungen und die Sinneswahrnehmungen zurückführt und dabei das zu Beginn Gesagte im Sinn behält, wird man erkennen, dass sie ausreichend in Umrissen erfasst sind, um sie ausgehend von diesen im Detail zuverlässig auszuarbeiten.

Was außerdem die Gestalten, Farben, Größen, Gewichte und alles andere angeht, was von einem Körper als ständige Eigenschaften ausgesagt werden kann, sei es von allen oder von den sichtbaren, und was uns infolge der Wahrnehmung von ihnen bekannt ist, davon darf man nicht meinen, dass es selbstständig existierende Naturen sind – denn dies zu denken wäre unmöglich –,

69 noch darf man denken, dass sie überhaupt nicht existieren, noch, dass sie andere unkörperliche Dinge sind, die diesem (dem Körper) anhängen, noch dass sie Teile von diesem sind, vielmehr muss man denken, dass der ganze Körper insgesamt aus diesen allen seine beständige Natur erhält, allerdings nicht

so, dass er daraus zusammengesetzt wäre – wie wenn ein größeres Aggregat aus den Massen selbst besteht, entweder aus den ersten oder aus den Größen des Ganzen, die kleiner sind als dieses –, sondern, wie ich schon sagte, nur in der Weise, dass er aus allen diesen seine ihm eigene beständige Natur erhält. Und alle diese (Eigenschaften) erlauben die ihnen eigentümlichen Hinwendungen und Unterscheidungen, wobei aber das Aggregat mit ihnen verbunden ist und sich in keiner Weise abtrennt, sondern nur die Bezeichnung ›Körper‹ erhält, weil es als Komplex aufgefasst wird.[44]

Außerdem kommt es häufig vor, dass auch nicht-beständige 70
Eigenschaften, die weder zu den unsichtbaren Dingen gehören noch unkörperlich sind, die Körper begleiten. Wenn wir daher diesen Ausdruck in der geläufigsten Verwendung gebrauchen, machen wir deutlich, dass die vorübergehenden Eigenschaften weder die Natur des Ganzen haben, das wir als Komplex betrachtet einen Körper nennen, noch die Natur der ständig (mit einem Körper) verbundenen Eigenschaften, ohne die es nicht möglich wäre, den Körper auch nur zu denken. Auf der Grundlage von bestimmten Hinwendungen kann jede benannt werden, wenn das Aggregat mit ihnen verbunden ist;

jedoch nur solange jede von ihnen als zutreffende beob- 71
achtet werden kann, da diese Eigenschaften (dem Körper) ja nicht beständig folgen. Auch darf man diese Evidenz nicht aus dem Bereich des Seienden ausschließen, weil sie nicht die Natur des Ganzen hat, dem sie gerade zukommt und das wir auch als ›Körper‹ bezeichnen, und weil sie nicht die Natur der Eigenschaften hat, die (einem Körper) ständig folgen; ebenso wenig darf man glauben, dass es sich dabei um selbstständige Dinge handelt – auch dies ist nämlich nicht denkbar, weder bei diesen noch bei den beständigen Eigenschaften –, sondern man muss annehmen, dass alle solche Dinge, wie sie auch erscheinen, vorübergehende Eigenschaften sind und (den Körpern) nicht ständig folgen und dass sie auch wiederum nicht den Status einer selbstständig existierenden Natur haben; vielmehr werden sie auf die Weise betrachtet, wie die

Sinneswahrnehmung selbst deren Eigentümlichkeit herausstellt.

72 Außerdem muss auch das Folgende genau hinzubedacht werden: Die Zeit nämlich dürfen wir nicht so untersuchen wie das Übrige,[45] das wir an einem zugrunde liegenden Gegenstand untersuchen, indem wir es auf die bei uns selbst angeschauten Vorbegriffe zurückführen; vielmehr müssen wir die Evidenz selbst untersuchen, der zufolge wir von einer ›langen‹ oder ›kurzen‹ Zeit sprechen, indem wir dies in enger Anbindung (an die Evidenz) bestimmen. Auch darf man nicht die Ausdrucksweise ändern, als wenn sie dadurch besser würde, sondern muss die geltenden Ausdrücke selbst für sie (die Zeit) verwenden; noch darf man etwas anderes über sie aussagen, als hätte es dasselbe Wesen wie diese eigentümliche Sache (die Zeit) – denn es gibt einige, die dies tun; vielmehr müssen wir unsere Betrachtung in erster Linie auf allein dasjenige lenken, womit wir diese eigentümliche Sache verknüpfen und womit wir sie messen.

73 Und dies bedarf nämlich keines zusätzlichen Beweises, sondern nur der Überlegung, dass wir die Zeit mit den Tagen und Nächten sowie mit den Teilen von diesen verknüpfen, ebenso aber auch mit den Empfindungen und den Phasen der Empfindungslosigkeit sowie mit den Bewegungen und den Phasen der Ruhe; mit Bezug auf diese wiederum denken wir von genau diesem als von einer eigentümlichen Eigenschaft; dieser gemäß sprechen wir von ›Zeit‹.[46]

Zusätzlich zu dem zuvor Gesagten muss man annehmen, dass die Welten (*kosmoi*)[47] sowie jede begrenzte Verbindung, die sich gleichartig mit dem häufig Beobachteten verhält, aus dem Unbegrenzten entstanden sind, indem diese alle, sowohl die größeren als auch die kleineren, aus eigentümlichen Zusammenballungen ausgesondert wurden, und dass sie sich alle auch wieder auflösen, die einen schneller, die anderen langsamer, indem dies die einen unter Einwirkung von solchen

Dingen erleiden, die anderen unter Einwirkung von anderen derartigen Dingen.[48]

Außerdem darf man nicht annehmen, dass die Welten not- 74
wendigerweise eine einzige Gestalt haben, …[49] Niemand könnte nämlich beweisen, dass in einer solchen Welt auch die Art von Samen enthalten ist, aus denen sich Lebewesen und Pflanzen und alles übrige, was beobachtet werden kann, zusammensetzen, dass diese aber in einer andersartigen Welt nicht enthalten sein können.[50]

Außerdem muss man annehmen,[51] dass die Natur Vieles und 75
Vielfältiges von den Dingen selbst gelehrt bekam und zu ihnen gezwungen wurde und dass später die Überlegung das ihr von der Natur Nahegelegte genauer ausarbeitet und zusätzliche Entdeckungen dazu macht – bei manchen schneller, bei manchen langsamer und in manchen Epochen und Zeiten <mit größerem Erfolg>[52], in manchen mit geringerem.

Daher sind auch nicht die Wörter von Beginn an durch Setzung[53] entstanden, sondern die (verschiedenen) Naturen selbst der Menschen, gemäß der einzelnen Völker, waren eigentümlichen Empfindungen ausgesetzt, nahmen eigentümliche Vorstellungen auf und sandten dann die Luft auf eigentümliche Weise aus, geprägt von den einzelnen Empfindungen und Vorstellungen, so wie auch immer der Unterschied gemäß den Orten der verschiedenen Völker sein mag.

Später setzten sie in den einzelnen Völkern gemeinsam die 76
eigentümlichen Ausdrücke fest, damit die gegenseitig gemachten Äußerungen weniger mehrdeutig wurden und damit man sich prägnanter äußern konnte. Und die, die bestimmte, bislang noch nicht beobachtete Dinge kannten, führten auch diese ein und gaben bestimmte Laute für diese weiter, wobei die einen[54] sich gezwungenermaßen so ausdrückten, die anderen sie aber aufgrund von Überlegung gemäß dem einschlägigsten Grund wählten und auf diese Weise mitteilten.

Außerdem darf man von den Himmelskörpern nicht denken, dass deren Bewegung, Umwendung, Verfinsterung, ihr Auf- und Untergehen und was sonst noch zu diesen gehört, zustande kommt, weil irgendjemand[55] dabei hilft und Anordnungen gibt oder im Begriff ist, solche zu geben, und dabei die vollständige Seligkeit verbunden mit Unvergänglichkeit besitzt.

77 Denn Geschäftigkeiten und Sorgen sowie Empfindungen von Zorn und Dankbarkeit sind nicht mit der Seligkeit vereinbar; vielmehr tritt dieses im Zustand der Schwäche und der Furcht auf oder wenn wir der Nächsten bedürfen.[56] Auch darf man nicht annehmen, dass sie (die Himmelskörper) die Seligkeit besitzen, wenn sie zugleich zusammengeballtes Feuer sind, und diese Bewegungen aufgrund eines vernünftigen Plans empfangen. Vielmehr muss man bei allen diesen Namen, die man auf solche Gedanken anwendet, die gesamte Würde wahren, damit nichts von ihnen als mit der Würde unvereinbar erscheint; wenn man das nicht tut, wird die Unvereinbarkeit selbst die größte Beunruhigung in den Seelen verursachen. Deshalb muss man annehmen, dass durch den ursprünglichen Einschluss dieser Zusammenballungen bei der Entstehung der Welt auch diese Notwendigkeit und der regelmäßige Umlauf zustande gekommen sind.

78 Außerdem muss man meinen, dass es die Aufgabe der Naturforschung ist, die Ursache der wichtigsten Dinge genau darzulegen, und dass das Glückliche in der auf die Himmelserscheinungen bezogenen Kenntnis dort liegt und darin zu wissen, welches die Naturen sind, die im Hinblick auf diese Himmelserscheinungen beobachtet werden, und was sonst noch zu der dafür erforderlichen Genauigkeit gehört. Ferner muss man meinen, dass es das Auf-vielfache-Weise und die Möglichkeit, sich auch irgendwie anders zu verhalten, bei solchen nicht gibt, sondern dass beim Unvergänglichen und Seligen einfach von Natur aus nichts vorkommt, das Zwietracht oder Beunruhigung anstiften würde. Und es ist möglich, mit dem Verstand zu erfassen, dass sich dies schlechthin so verhält.

Was aber in die Untersuchung des Unter- und Aufgehens, 79
der Umwendung, der Verfinsterung fällt sowie alles, was damit verwandt ist, trägt nichts weiter zu dem Glück der Erkenntnis bei; vielmehr haben die, die diese Dinge zwar kennen, aber nicht wissen, worin die Natur (dieser Dinge) besteht und welches die wichtigsten Ursachen sind, in ähnlicher Weise Befürchtungen, wie wenn sie diese Kenntnisse nicht hätten; vielleicht haben sie sogar größere Befürchtungen, wenn nämlich die aus der Untersuchung dieser Dinge resultierende Verwunderung keine Lösung im Hinblick auf die Einrichtung der wichtigsten Dinge finden kann. Deshalb finden wir auch mehrere Ursachen für Umwendungen (von Himmelskörpern), für das Unter- und Aufgehen, für Verfinsterungen und die anderen Dinge von dieser Art – wie es auch bei einzelnen Ereignissen der Fall ist.

Man darf jedoch nicht meinen, dass man (deshalb) die für die- 80
se Dinge erforderliche Genauigkeit nicht erreicht habe, soweit sie zu einem von Beunruhigung freien Zustand und zu unserem Glück beiträgt. Deswegen muss man die Ursachen der Himmelserscheinungen und von allem, was nicht sichtbar ist, untersuchen, indem man beobachtet, auf wie viele Weisen sich das Ähnliche bei uns ereignet, und dabei diejenigen verachten, die nicht wissen, was sich bei den Dingen,[57] von denen wir eine Vorstellung nur aus weiter Entfernung haben, nur auf eine Weise verhält oder ereignet und was sich auf vielerlei Weise zuträgt, und die ferner nicht wissen, unter welchen Umständen es unmöglich ist, Freiheit von Beunruhigungen zu erlangen, <und unter welchen Umständen es ebenso möglich ist, sie zu erlangen.>[58] Wenn wir also meinen, dass etwas sich auch so irgendwie zutragen kann, weil wir wissen, dass es auf vielfache Weise geschieht, werden wir ebenso frei von Beunruhigungen werden, wie wenn wir wissen, dass es auf eine bestimmte Weise geschieht.

Zusätzlich zu all diesen Punkten im Allgemeinen muss 81
man jenes bedenken, dass nämlich die schwerste Beunruhigung den menschlichen Seelen dadurch widerfährt, dass man

meint, dieselben Wesen (Götter) seien selig und unvergänglich und wiesen zugleich damit unverträgliche Wünsche und Handlungen auf und seien Ursachen für damit unverträgliche Dinge;[59] ebenso dadurch, dass man etwas Schreckliches, das ewig andauert, den Mythen entsprechend erwartet oder befürchtet oder dass man sogar die mit dem Totsein verbundene Empfindungslosigkeit selbst[60] fürchtet, so als sei sie etwas, das uns betrifft; ferner dadurch, dass einem dies nicht aufgrund von Meinungen widerfährt, sondern aufgrund von einem unvernünftigen Zustand, weshalb man, da man das Schreckliche nicht eingrenzt, dieselbe oder sogar eine intensivere Beunruhigung erfährt, als wenn man wirklich diese Meinungen hätte.

82 Die Freiheit von Beunruhigungen kommt dadurch zustande, dass wir von all diesen Dingen befreit sind und eine kontinuierliche Erinnerung an die ganzen Zusammenhänge und die wichtigsten Prinzipien haben. Daher muss man die anwesenden Empfindungen und Wahrnehmungen beachten, für das Gemeinsame die gemeinsamen (Wahrnehmungen und Empfindungen), für das Eigentümliche die eigentümlichen, sowie jedes jeweils gegebene evidente Faktum gemäß jedem der Kriterien; wenn wir nämlich auf diese achten, werden wir die Ursache genau klären können, woher die Beunruhigung und die Furcht rührt, und werden sie auflösen können, indem wir die Ursachen für die Himmelserscheinungen und für die übrigen damit jeweils zusammenfallenden Phänomene angeben, die den Rest der Menschen in größte Furcht versetzen.[61]

Dies, mein lieber Herodot, sind also die wichtigsten Prinzipien hinsichtlich der Natur des Ganzen – in zusammengefasster Weise.

83 Daher dürfte diese Erklärung dazu geeignet sein, mit Genauigkeit erfasst zu werden. Ich meine, dass man, selbst wenn man sich nicht in jede Einzelheit der genauen Lehren vertieft, im Vergleich zu den übrigen Menschen eine unvergleichbare

Stärke erhalten wird. Denn man wird auch von sich selbst aus Vieles von dem klar darlegen können, was von uns im Rahmen unseres vollständigen Systems im Einzelnen untersucht wird; und diese Dinge werden selbst, wenn man sie ohne Unterbrechung im Gedächtnis behält, eine beständige Hilfe sein. Denn sie sind von solcher Art, dass auch die, die bereits mit der Ausarbeitung der Einzelheiten befasst sind – sei es mit hinreichender oder vollständiger Genauigkeit –, die meisten ihrer Untersuchungen über die ganze Natur bewerkstelligen können, indem sie sie in solche Einsichten analysieren. Und alle, die nicht völlig zu den vollendeten Forschern selbst gehören, können sich aufgrund von diesen Ausführungen auch ohne mündliche Unterweisung einen gedankenschnellen Überblick über die wichtigsten für die Seelenruhe erforderlichen Prinzipien verschaffen.

# Anhang

# Abkürzungsverzeichnis

| | |
|---|---|
| DL | Diogenes Laërtios |
| GV | *Gnomologium Vaticanum Epicureum* (dt.: *Vatikanische Spruchsammlung*) |
| Her. | Epikur, *Brief an Herodot* |
| KD | *Kyriai Doxai* (lat.: *Ratae Sententiae*, dt.: *Hauptlehrsätze*) |
| LS | Long/Sedley 1987 (siehe Literaturverzeichnis) |
| Men. | Epikur, *Brief an Menoikeus* |
| Pyth. | Epikur, *Brief an Pythokles* |
| Test. | Testimonium (dt.: Zeugnis) |

| | |
|---|---|
| Arrighetti | G. Arrighetti [2]1973 (siehe Literaturverzeichnis) |
| Bailey | C. B. Bailey 1926 (siehe Literaturverzeichnis) |
| Usener | H. Usener 1887 (siehe Literaturverzeichnis) |
| Von der Mühll | P. von der Mühll 1922 (siehe Literaturverzeichnis) |

# Anmerkungen

## I. Brief an Menoikeus

1 Dies ist das erste der beiden Elemente des guten Lebens; siehe hierzu auch KD I.

2 Das heißt, sie beachten nicht, dass die Götter unsterblich und selig sind und schreiben ihnen deshalb Eigenschaften zu, die mit der Seligkeit der Götter unvereinbar sind.

3 Dies ist das zweite Element des guten Lebens; siehe hierzu auch KD II.

4 Auf folgende Weise macht uns das Faktum der Sterblichkeit unglücklich: erstens durch die Furcht vor dem Tod (und dem, was wir nach der Tod möglicherweise erleben werden) und zweitens durch ein (unerfüllbares) Streben nach Unsterblichkeit. Die Einsicht in die richtige Natur des Todes hebt aber beide Faktoren auf.

5 Die entsprechende Textzeile wurde so von Usener rekonstruiert.

6 Theognis, *Elegien* 425, 427.

7 Oder: »... dann benimmt er sich leichtfertig/töricht bei Dingen, die das nicht verdienen/vertragen.«

8 D. h. sie sind weder natürlich noch notwendig und damit ebenso überflüssig wie die auf falschen Ansichten beruhenden Befürchtungen (siehe oben §§ 124–126).

9 Siehe hierzu auch Test. 3 und Test. 13 mit Anmerkungen sowie in der Einleitung S. XXIX–XXXII.

10 Siehe auch KD XV und XXI.

11 Wieso dies? Die Wechselfälle des Schicksals betreffen in erster Linie Güter, mit denen wir unsere nicht-notwendigen Bedürfnisse befriedigen. Innere Unabhängigkeit gegenüber solchen Gütern macht uns daher weniger anfällig für die Wechselfälle des Schicksals.

12 Die Aufzählung könnte etwas kurios wirken, weil die ersten beiden Beispiele den sexuellen Genuss, die letzten beiden Beispiele den kulinarischen Genuss zum Gegenstand haben.

13 Das bedeutet, dass die leeren, überflüssigen Bedürfnisse und Lustbefriedigungen, die für die Unruhe der Seele verantwort-

lich sein können, von Meinungen oder Urteilen abhängig sind, und zwar von falschen Meinungen oder Urteilen.

14 Eine Ergänzung von Stephanus; siehe auch KD V.

15 Das behauptet Epikur auch in Test. 4.

16 Die Rede von den Grenzen des Guten oder den Grenzen der Lust scheint mit Epikurs Überzeugung zu tun zu haben, dass sich die Lust und damit das Gute zusammen mit der Beseitigung des körperlichen Schmerzes und der seelischen Beunruhigung einstellt und dass es darüber hinaus keine größere Lust zu erstreben gibt.

17 Sinngemäß muss die Grenze des Schmerzes das Maximum an Schmerz meinen.

18 Mit den ersten Bestimmungen spielt Epikur hier auf KD I–IV an, also auf die Tetrapharmakos, erst die folgende Bestimmung lenkt zu einem neuen Thema über: der Kritik am Glauben an die Vorbestimmtheit.

19 Die Überlieferung an dieser Stelle ist unsicher. Die Übersetzung folgt Usener bzw. Bailey.

20 Epikur geht davon aus, dass es möglich sein muss, jemanden zur Rechenschaft zu ziehen; siehe hierzu auch in der Einleitung S. XLIII–XLVI.

21 Zur Kritik am Determinismus siehe auch GV 40.

22 Siehe zum Thema des Zufalls auch KD XVI.

23 Die Überlieferung dieser Stelle ist unklar; die Übersetzung folgt der Textkonstitution bei von der Mühll.

## II. Die Hauptlehrsätze (Kyriai Doxai)

1 »Was selig und unveränderlich ist«, d. h. das Göttliche; KD I fasst Epikurs Auffassung über das Wesen der Götter zusammen; siehe dazu auch Men. §§ 123, 124.

2 Lukrez II, 646–651 führt hierzu aus, dass die Götter, weil sie ohne solche Emotionen seien, sich auch nicht um die menschlichen Angelegenheiten kümmerten. Daher wäre auch aus Sicht der Epikureer die Vorstellung verkehrt, dass die Götter die Welt um des Menschen willen eingerichtet haben (Lukrez II, 167–183).

3 Siehe zum Thema des Todes und der Sterblichkeit auch Men. §§ 124–127.

4 Siehe zu dieser Behauptung auch KD XVIII: Von einem bestimmten Schwellenwert an kann Lust bzw. die hier einschlägige

Art von Lust nicht mehr gesteigert, sondern nur noch verändert werden.

5 »Schmerzliches und Betrübliches«, d. h. körperliche und seelische Unlust.

6 »im Fleisch«, d. h. ›körperlich‹, ›im Körper‹; Epikur scheint gelegentlich Formulierungen wie ›im Körper‹ vermeiden zu wollen, um nicht den von ihm abgelehnten Dualismus von Körper und Seele in Anwendung bringen zu müssen.

7 »das Heftigste«, d. h. das Maximum an Schmerz.

8 Ein angenehmes, lustvolles Leben ist nicht möglich ohne bestimmte moralische Werte oder Tugenden (siehe für diesen Zusammenhang auch Men. § 132); allerdings gilt nach KD V auch das umgekehrte Verhältnis, wonach ein vernünftiges, anständiges, gerechtes Leben auch angenehm und lustvoll sein soll.

9 »Wem dies aber fehlt«, d. h. wem die genannten Tugenden fehlen.

10 Siehe dazu auch in der Einleitung S. XXXII–XXXIV.

11 Zum Gefühl der Sicherheit siehe auch KD VII sowie KD XIII und XIV. Sicherheit vor den Menschen verschafft uns am ehesten die Freundschaft: siehe KD XXVIII.

12 Die Gestaltung des griechischen Textes ist an dieser Stelle kontrovers, die abgedruckte Übersetzung folgt den Herausgebern Usener und Bailey. Dem Editor von der Mühll folgend müsste man dagegen wie folgt übersetzen: »Um sich vor den Menschen sicher zu fühlen, gibt es das natürliche Gut der Herrschaft und der Königsmacht, aufgrund von welchen man imstande ist, sich dies manchmal zu beschaffen.« – Fraglich scheint, ob Epikur Herrschaft und Königsmacht tatsächlich als natürliche Güter bezeichnen würde. In jedem Fall scheint es unabdingbar, KD VI im Zusammenhang mit KD VII zu lesen. Nach Letzterem hätte man ein natürliches Gut nur dann erreicht, wenn es einem tatsächlich gelingt, Sicherheit vor den Menschen zu erreichen; und Epikur scheint eben bezweifeln zu wollen, dass dies immer und dauerhaft gelingt (siehe KD XIV, wonach eine solche Sicherheit nur bis zu einem bestimmten Punkt, nicht aber schlechthin zu erreichen ist), so dass das entsprechende Streben ins Leere laufen würde.

13 »… dann haben sie nicht das, wonach sie ursprünglich gemäß der Eigentümlichkeit ihrer Natur strebten«: Was heißt das? Dass sie kein natürliches Gut erreicht haben oder dass ihr Streben ins Leere läuft?

14 Siehe dazu auch in der Einleitung S. XXIX–XXXII.

15 Für Epikur ist jede Lust an sich ein Gut, dies begründet er u. a. in Men. § 129; daran ändert sich auch nichts durch das Phänomen, dass einige Arten von Lustempfindungen mit negativen oder schmerzlichen Nebenfolgen einhergehen (ein Phänomen, das von antihedonistischen Philosophen angeführt wird, um zu zeigen, dass eben nicht alle Arten von Lust ein Gut sein können). Epikur reagiert auf dieses Phänomen, indem er in Men. § 129 feststellt, dass nicht jede Lust wählenswert ist, selbst wenn sie selbst gut ist.

16 »in der Gesamtheit des Aggregats«, d. h. in dem Aggregat von Körper und Seele.

17 Siehe hierzu auch die These von KD XVIII.

18 Zu den Grenzen der Lust hatte sich Epikur in KD III geäußert. Siehe dazu auch in der Einleitung S. XXV–XXVII.

19 Gemäß dem in KD VIII ausgedrückten Grundsatz, dass keine Lust als solche etwas Schlechtes ist, können auch die Lüste, auf die sich der Zügellose verlegt hat, nicht als solche getadelt werden. Allerdings können sie nicht die Furcht vor den Himmelserscheinungen und dem Tod beseitigen, was für Epikur weit wichtiger ist und was er als die Aufgabe der Naturforschung ansieht (siehe KD IX).

20 In KD II hatte Epikur festgestellt und begründet, dass der Tod nichts für uns ist bzw. uns nicht betrifft.

21 Siehe zu den Grenzen des Schmerzes auch Men. § 133 sowie die Anmerkungen dazu.

22 Unter Naturforschung versteht Epikur die Thematik seiner Naturphilosophie, wie er sie u. a. im *Brief an Herodot* skizziert. Nach der vorliegenden Aussage hat die Naturforschung ihren Zweck nicht in sich selbst, sondern dient einem praktischen Zweck: der Auflösung der Furcht vor dem Tod und vor bestimmten Naturerscheinungen sowie der Kenntnis über die Grenzen von Lust- und Schmerzempfindung. Siehe dazu auch in der Einleitung S. XXXVII–XXXIX.

23 »Furcht vor den wichtigsten Dingen«, d. h. Furcht vor gewissen Himmelserscheinungen sowie vor allem Furcht vor dem Tod bzw. Furcht vor dem vermeintlichen Schicksal unserer Seelen nach dem Tod. Siehe dazu auch in der Einleitung S. XX–XXII.

24 »unvermischte Lustempfindungen«, d. h. solche, die nicht mit Furcht vermischt sind; Letztere zu beseitigen ist die Aufgabe der Naturforschung.

25 »im Unbegrenzten«, d. h. im unbegrenzten Kosmos.

26 Zum Gedanken der »Sicherheit vor den Menschen« siehe auch KD VII und XIII.

27 Gemeint ist die Seelenruhe (*hēsychia*).

28 Epikur empfiehlt hier den Rückzug von der Masse, was der bei Plutarch überlieferten Formulierung »Lebe im Verborgenen!« (*lathe biōsas*, Frg. 551 Usener) entspricht.

29 Der »natürliche« oder »der Natur gemäße« Reichtum ist derjenige, der sich an den natürlichen Bedürfnissen oder den Zielen der Natur bemisst; siehe dazu auch GV 25.

30 In Men. § 130 führt Epikur aus, dass das Natürliche leicht zu beschaffen sei.

31 Zum Begriff der »leeren Meinung« siehe auch KD XXIX und XXX.

32 Warum der Zufall für den Weisen keine Rolle spielen kann, wird auch in Men. §§ 133, 134 ausgeführt.

33 Zum Beispiel muss der Ungerechte fürchten, dass seine Taten eines Tages bekannt werden: siehe KD XXXV.

34 Siehe hierzu auch Test. 15.

35 Siehe zu den Grenzen der Lust auch Men. § 133 sowie die Anmerkungen dazu.

36 Siehe hierzu auch Her. §§ 81–82.

37 »Das Fleisch«, d. h. der Körper.

38 »Befürchtungen hinsichtlich der Ewigkeit«, d. h. Befürchtungen hinsichtlich des Schicksals nach dem Tod.

39 Dies kann als Erläuterung zu KD III sowie zu der Kurzformel der ›Vierfachen Medizin‹ (*tetrapharmakos*) gelesen werden, wo es heißt: »Gott braucht man nicht zu fürchten. Der Tod ist ohne Empfindung. Das Gute ist leicht zu beschaffen. Das Schreckliche ist leicht zu ertragen.« Siehe dazu in der Einleitung S. XIX–XX.

40 Denn Kämpfe würden wiederum seelische Unruhe mit sich bringen.

41 Nach Test. 13 ist dies die Lust, nach anderen Formulierungen die *ataraxia*, was sich jedoch gegenseitig nicht ausschließt, wenn man bedenkt, dass die *ataraxia* für Epikur aus einer Abwesenheit von Schmerz und Beunruhigung resultiert und er die Lust genau durch die Abwesenheit von Schmerz definiert.

42 Evidenz, im Griechischen *enargeia*, ist ein Schlüsselbegriff von Epikurs Erkenntnistheorie, siehe dazu Her. § 52.

43 Zur Rolle der Sinneswahrnehmung als grundlegendem Erkenntniskriterium siehe auch Her. § 38; siehe dazu auch in der Einleitung S. XXXIX–XLI.

44 »auf Vorstellung beruhend«, griechisch: *phantastikē*, auf Vorstellung, Repräsentation, *phantasia*, beruhend.

45 »Hinwendung des Verstandes«: siehe hierzu Bailey, 259–274 sowie Rist 1972, 32–37.

46 Gemeint sind wie schon in KD XXIII die Kriterien, aufgrund derer wir ein Urteil fällen, die sogenannten ›Kriterien der Wahrheit‹. Nach Diogenes Laertius X, 31 kennt Epikur drei Arten von Kriterien: die Wahrnehmung (*aisthēsis*), den Vorbegriff (*prolēpsis*) und die Empfindung (*pathos*).

47 Zur Entstehung der Täuschung siehe auch Her. §§ 51–52.

48 Zum natürlichen Ziel siehe auch KD XXII.

49 Siehe dazu auch KD III, XXI, XXIX, XXX sowie in der Einleitung S. XXVII–XXVIII.

50 Siehe hierzu in der Einleitung S. XXV–XXVII. Zu leicht und schwer zu beschaffenden Dingen siehe auch KD XXI.

51 In diesem letzteren Fall wäre die mit der Erfüllung der Begierde verbundene Lust nicht wählenswert, siehe Men. § 129.

52 Siehe auch GV 23.

53 Siehe auch KD IV.

54 Zur Sicherheit siehe auch KD VI–VII und XIII–XIV.

55 Zu den Begierden siehe auch KD XXVI sowie in der Einleitung S. XXVII–XXVIII.

56 Die Ergänzung kann aufgrund der Übereinstimmung mit GV 20 und zugleich aus Cicero *Tusculanes* V 33, 93 und Cicero *De finibus* II 9, 26 erschlossen werden.

57 Zum Begriff der leeren Meinung siehe auch KD XV und XXX.

58 Siehe dazu auch in der Einleitung S. XXVII–XXVIII.

59 Dies entspricht der vor allem auch in Test. 4 und Test. 6 geäußerten These, dass Tugend allein noch nicht gut und das Gegenteil davon an sich noch nicht schlecht sei.

60 Die Gestaltung des griechischen Textes ist an dieser Stelle kontrovers, die Übersetzung folgt hier dem Text von von der Mühll; nach Useners Textgestaltung müsste man übersetzen: »… weist die Charakteristika des Gerechten auf«, nach Baileys Konjektur hieße es »… hat die Garantie des Gerechten«.

61 Hier wird offenbar die kurze Erörterung von KD XXXVII fortgesetzt.

62 Hier folgt die Übersetzung der Edition von von der Mühll.

## III. Die Vatikanische Spruchsammlung (Gnomologium Vaticanum Epicureum)

1 Zum Charakter dieser Sammlung siehe die entsprechenden Bemerkungen in der Einleitung. Einige der in dieser Sammlung enthaltenen Sprüche sind mit einzelnen ›Hauptlehrsätzen‹ (*Kyriai Doxai*) identisch; im Einzelnen entsprechen sich: GV 1 und KD I, GV 2 und KD, GV 3 und KD IV, GV 5 und KD V, GV 6 und KD XXXV, GV 12 und KD XVII, GV 13 und KD XXVII, GV 20 und KD XXIX, GV 22 und KD XIX, GV 49 und KD XII, GV 50 und KD VIII, GV 72 und KD XIII; diese identischen Sprüche sind hier nicht mehr aufgeführt. Außerdem finden sich in der *Vatikanischen Spruchsammlung* einige Sprüche, die klarerweise nicht Epikur, sondern einem seiner Schüler zuzuschreiben sind: GV 10, 30, 47 werden Metrodoros von Lampsakos zugeschrieben (kontroverser ist, ob auch GV 31 Metrodoros zuerkannt werden soll); GV 36 wird Hermachos aus Mytilene zugeschrieben. Wie in den meisten Ausgaben, so wird auch hier auf die Wiedergabe dieser klarerweise unepikureischen Sprüche verzichtet. Viele Ausgaben verzichten auch auf den Abdruck von GV 51, weil der entsprechende Text offenkundig nicht zu den übrigen Sprüchen passt, sondern einem Brief entnommen ist; dies heißt jedoch nicht, dass dieses Brieffragment nicht authentisch wäre.

2 Siehe auch KD IV und KD XXI.

3 Siehe auch KD XXXIV–XXXV.

4 Das griechische Wort *anankē* kann sowohl die ›Notwendigkeit‹ als auch den ›Zwang‹ meinen. Möglicherweise wird hier aber auch auf die Notwendigkeit der Naturphilosophen, d. h. auf deren Determinismus-These (siehe Men. § 134) angespielt.

5 »das Erfreuliche«, griechisch: *to chairon*; alternativ ist überliefert *to kairon*, also »den rechten Augenblick«.

6 Eine Formulierung, die dem Sokratisch-Platonischen Gedanken verwandt scheint, dass niemand freiwillig das größere Übel wählt.

7 Siehe auch die Darstellung des Alters in Men. § 122.

8 Zu einer epikureischen Auffassung über den Geschlechtstrieb siehe GV 51. Die Absicht der vorliegenden Stelle ist unklar, ließe sich aber wie folgt in einen allgemein epikureischen Rahmen bringen: Nicht-notwendige Begierden können beigelegt werden, indem wir unsere Meinungen ändern bzw. die ›leeren‹

Meinungen über sie (z. B. KD XXVI) zum Verschwinden bringen. Im Falle des sexuellen Verlangens können wir unsere Begierden kontrollieren, indem wir den gegenseitigen Umgang einschränken (und so unsere Meinungen und Vorstellungen beeinflussen?).

9 Zu dem Gedanken, dass man durch die (dankbare) Erinnerung an das Vergangene jung bleibt, siehe auch Men. § 122.

10 Zum Hintergrund siehe Men. § 127 sowie KD XXVI und XXIX.

11 Siehe auch KD XXVII sowie GV 34.

12 Näheres hierzu findet sich in Lukrez IV, 962ff.

13 Siehe dazu auch in der Einleitung S. XXIX–XXIX.

14 Vermutlich sind die philosophischen Darlegungen Epikurs gemeint. Im *Brief an Herodot* werden zu Beginn und am Ende verschiedene Grade der Vertiefung in die Lehren Epikurs unterschieden, denen längere und kürzere Zusammenfassungen entsprechen. Der besagte Brief selbst gilt als kurze Zusammenfassung, während es auch Hinweise auf eine *Große Epitome* (d. h. eine ausführliche Zusammenfassung) gibt. Alle diese Schriften sind letztlich Zusammenfassungen oder Abrisse des Hauptwerks *Über die Natur.*

15 Zur Verbindung von Lust und Denken bzw. Erkennen vgl. auch KD XVIII und XX. Der Gedanke, dass Lernen Lust oder Freude bereitet, wirkt ausgesprochen aristotelisch, jedoch ist bei Aristoteles die Lust beim Erkennen ein Begleitphänomen (das u. a. anzeigt, dass das Erkennen der menschlichen Natur entspricht), während für Epikur die Erkenntnis erst durch die resultierende Lust ihre Bedeutung gewinnt.

16 Das Motiv der Sicherheit kehrt regelmäßig in den KD wieder, z. B. VI–VII, XIII–XIV sowie XL.

17 Entgegen der gewöhnlichen Erwartung, dass verehrt zu werden ein großes Gut sei, ist hier vermutlich gemeint, dass diese Verehrung ein größeres Gut für den Verehrenden ist als für den Verehrten.

18 Siehe auch GV 23.

19 Der Aphorismus passt zu der generellen Tendenz, die Bedeutung des Gegenwärtigen im Hinblick auf die Erinnerung an Vergangenes und die Erwartung von Künftigem zu relativieren; siehe hierzu auch Test. 12.

20 Anspielungen auf den Suizid finden sich auch in Men. §§ 126–127.

21 Siehe auch GV 23 und 34.

22 Epikur lehnt den Determinismus ab, den er in der Formel, alles geschehe mit Notwendigkeit, ausgedrückt sieht; siehe dazu auch Men. §§ 133–134.

23 Die Gestaltung des griechischen Textes ist an dieser Stelle kontrovers; die abgedruckte Übersetzung folgt dem Text, wie er u. a. bei von der Mühll und Bailey eingerichtet ist. Anstelle des von Usener konjizierten *apolauseōs* (Genuss) ist nämlich auch *apoluseōs* (Auflösung) überliefert; ergänzt man hierzu, wie z. B. Arrighetti, *tou kakou* (des Übels), ergibt sich die Übersetzung: »In derselben Zeit erfolgt die Entstehung des höchsten Gutes und die Auflösung des Übels«. In diesem Fall könnte der Ausspruch zum Umfeld des epikureischen Theorems gehören, dass die wählenswerte Art von Lust in der Abwesenheit von Schmerz bestehe.

24 Geldgier könnte epikureisch als eine auf leeren Meinungen beruhende Begierde beschrieben werden, so dass sie schon deshalb abzulehnen wäre.

25 »Selbstgenügsamkeit«, griechisch: *autarkeia*; zum Lob der *autarkeia* siehe auch Men. §§ 130–132. Siehe auch in der Einleitung S. XXIX–XXIX.

26 Ein Hinweis auf die *ataraxia* und den Zustand der ›katastematischen‹ Lust? Siehe dazu auch in der Einleitung S. XXXIV–XXXVI.

27 Offenkundig handelt es sich hier um ein Fragment aus einem Brief, der auf eine konkrete Anfrage antwortet. Die Echtheit des Briefes wird nicht von allen Editoren anerkannt: Bailey z. B. argumentiert, der in diesem Abschnitt manifestierte Humor sei Epikur ansonsten völlig fremd.

28 »Glück« hier im Sinne des Zufallsglücks, nicht im Sinne eines glücklichen Lebens.

29 Zur Gleichsetzung von Philosophieren und Gesundsein siehe auch die Eröffnung des Briefes an Menoikeus, Men. § 122.

30 Die Erinnerung an vergangene Freuden wird von Epikur regelmäßig als eine Strategie zur Abwehr oder Linderung gegenwärtiger Übel benutzt; zu einer entsprechenden Diskussion siehe in der Einleitung S. XXV–XXVII.

31 GV 56 und 57 werden als ein einziger, aber unvollständiger Satz überliefert. Einige Editoren, z. B. von der Mühll, haben die beiden Teilsätze als zwei eigenständige Aussprüche verstanden, andere haben versucht, den Satz gerade durch die Zusammenfü-

gung von GV 56 und 57 zu vervollständigen. Die in Klammern gesetzte Ergänzung hat der italienische Herausgeber E. Bignone aufgrund einer Handschrift vorgenommen.

32 Zum Magen als pars pro toto für körperliche Lüste siehe auch Test. 7.

33 Der Sinn dieses Ausspruches ist etwas obskur: Geht es um die Flüchtigkeit (oder Kürze) des Lebens? Oder ist gemeint, dass wir nach dem Tod genauso ohne Wahrnehmung und Empfindung sind wie wir es vor der Geburt waren?

34 Der griechische Text ist an dieser Stelle alles andere als klar, weswegen zahlreiche Vorschläge zur Ergänzung oder Verbesserung des überlieferten Textes vorliegen. Die Übersetzung folgt an dieser Stelle Bailey und von der Mühll.

35 Usener und Bailey gehen davon aus, dass es hier nicht um ›Mitgefühl‹ für lebende Freunde geht, sondern um die Trauer um verstorbene Freunde; so ergäbe sich auch eine thematische Parallele zu KD 40. Der Spruch wäre dann etwa wie folgt zu übersetzen: »Wir wollen unsere Gefühle für die verstorbenen Freunde nicht durch lautes Jammern, sondern durch stilles Gedenken zum Ausdruck bringen.«

36 Siehe hierzu auch KD XXXIV, XXXV.

37 Siehe dazu auch in der Einleitung S. XXVII–XXVIII.

38 Dies ist möglicherweise vor dem Hintergrund der Theorie von KD IX zu sehen.

39 Dies ist auch ein sokratisch-platonischer Grundsatz: Der Nutzen des Unterlegenen besteht darin, dass er vom Irrtum befreit wird.

40 Anspielung auf Solons Antwort auf Kroisos' Frage, ob Ersterer den glücklichsten Menschen getroffen habe, vgl. Herodot I, 30. Das in Epikurs Spruch enthaltene Zitat wird in verschiedenen Scholien explizit Solon zugeschrieben.

41 Siehe dazu auch in der Einleitung S. XXIX–XXIX.

42 »mit den unbegrenzten Ursachen«, das meint entweder Dinge, die auf unbegrenzte Begierden zurückgehen, oder Dinge, die nicht auf das natürliche Endziel bezogen sind, oder Dinge, die nicht von uns abhängen.

## IV. Ausgewählte Zeugnisse zu Epikurs Lustbegriff

1 Zu den Kyrenaikern siehe auch in der Einleitung S. XI–XIV.

2 Siehe dazu auch in der Einleitung S. XXXIV–XXXVI. Zur katastematischen Lust siehe auch Test. 14–15.

3 Ebenda.

4 Dies ist die Kurzform des sogenannten ›cradle-Arguments‹. Die ausführlichere Version des Arguments findet sich in Test. 13.

5 Dies ist der schon in der Antike kontroverse epikureische Grundsatz, nach welchem auch die Tugend dem Lustprinzip untergeordnet wird. Die Auswirkungen dieses Grundsatzes scheint Epikur minimieren zu wollen, wenn er zugleich die unauflösliche Verknüpfung der Tugend mit der Lust betont, wie z.B. in Test. 5 oder Men. § 132. Siehe dazu auch in der Einleitung S. XXXII–XXXIV.

6 Siehe hierzu die Anmerkung zu Test. 4.

7 Dies dürfte zum thematischen Kontext von Test. 4 und Test. 5 gehören. Siehe dazu auch in der Einleitung S. XXXII–XXXIV.

8 Dies scheint eine programmatische Aussage zu sein, die sich gegen die qualitative oder evaluative Trennung von geistigen und körperlichen Arten der Lust richtet. Nach dieser Bemerkung scheint es demgegenüber, als gingen alle Arten von Lust auf die körperliche Lust zurück, d.h. jede Lust ist in erster Linie ein sinnliches Ereignis.

9 Siehe hierzu Test. 4, Test. 5 und Test. 6.

10 Das griechische Wort *pathos* kann auch das Leiden und damit die Krankheit meinen. Bei Epikur wird der Begriff in der Regel als generischer Begriff für alle Empfindungen, d.h. besonders für Lust- und Schmerzempfindungen, gebraucht. Im vorliegenden Zusammenhang scheint er aber besonders an Affekte oder Emotionen wie die Furcht zu denken.

11 Siehe dazu auch in der Einleitung S. XXXVII–XXXIX.

12 Siehe dazu auch in der Einleitung S. XXXII–XXXIV.

13 Anspielung auf Epikurs Vergleich der Seelenruhe mit der glatten Meeresoberfläche bei Windstille (*galēnē, galēnismos*).

14 Siehe dazu auch in der Einleitung S. XXXVI–XXXVII.

15 Dies ist das sogenannte ›cradle-Argument‹ (nämlich das Argument, dass uns die Lust bzw. das Streben nach Lust gewissermaßen in die ›Wiege‹ gelegt worden sei). Eine Kurzform des Arguments findet sich in Test. 3. Siehe hierzu auch in der Einleitung S. XXIX–XXXII. Zum cradle-Argument siehe: Jacques Brunschwig: »The Cradle Argument in Epicureanism and Stoicism«, in: M. Schofield/G. Striker (Hgg.): *The Norms of Nature in Hellenistic Ethics*, Cambridge/New York: Cambridge University Press 1986, 113–144.

16 Siehe dazu auch in der Einleitung S. XXXIX–XLI.

17 Siehe dazu auch in der Einleitung S. XXXIV–XXXVI.
18 Siehe dazu auch in der Einleitung S. XXV–XXVII.
19 Siehe zu Test. 15 in der Einleitung S. XXXIV–XXXVI zum letzten Satz vgl. KD XVIII.

## V. Brief an Herodot

1 In Pyth. § 85 wird der *Brief an Herodot* explizit als die ›Kleine Epitome‹, d. h. als kurzer Abriss bzw. Zusammenfassung bezeichnet.
2 Zum Begriff der ›Hinwendung‹ (*epibolē*) siehe auch in der Einleitung S. XXXIX–XLI.
3 Der Text ist an dieser Stelle unklar und wurde von verschiedenen Editoren unterschiedlich ergänzt. Die Übersetzung hält sich hier an den Text von Arrighetti.
4 Den Umriss einer Sprachtheorie deutet Epikur in Her. §§ 75–56 an.
5 Siehe hierzu auch in der Einleitung S. XXXIX–XLI.
6 Zu den folgenden §§ 38–40 siehe auch Lukrez I, 146–448.
7 Der Grundsatz, dass nichts aus Nicht-Seiendem entsteht, ist in der griechischen Philosophie verbreitet; vor allem handelt es sich dabei um eine Einsicht, die im Umkreis des Parmenides (ca. 540–480 v. Chr.) bzw. der eleatischen Philosophie große Beachtung fand und auch die ersten Vertreter des Atomismus, Leukipp (um 460 v. Chr.) und Demokrit, beeinflusst haben dürfte. Die Begründung, die Epikur hier für diesen Grundsatz gibt, ist jedoch eigentümlich: Offenbar appelliert er an den Grundsatz, dass die verschiedenartigen Dinge auf verschiedenartige Ursprünge zurückgeführt werden müssten, so wie im Bereich des Lebendigen die Art der entstehenden Dinge durch die jeweils involvierten Samen determiniert sei. Könnten die Dinge nun auch aus dem Nicht-Seienden entstehen, wäre dieser Grundsatz offenbar aufgehoben. In diesem Sinne erläutert auch Lukrez I, 159ff. das Argument: Könnten die Dinge auch aus dem Nicht-Seienden entstehen, dann könnte jede Art aus jeder hervorgehen und bedürfte keines spezifischen Samens. Zum Beispiel könnten dann Menschen aus dem Meer und Fische aus dem Land entstehen. In Wirklichkeit jedoch entstehe jedes Ding aus ganz spezifischen Samen.
8 Siehe hierzu auch in der Einleitung S. XLI–XLIII.
9 An dieser Stelle ist eine Einfügung (Scholion) überliefert, die zu einem späteren Zeitpunkt in den Text gelangt ist; sie lautet:

»Dies behauptet er in der *Großen Epitome* zu Beginn sowie im ersten Buch von *Über die Natur.*«

10 Siehe hierzu auch in der Einleitung S. XXXIX–XLI.

11 Zum Beweis für die Existenz des Leeren siehe auch Lukrez I, 334–390.

12 Zum Beweis dafür, dass es neben dem Leeren und den Atomen kein Drittes geben kann, siehe auch Lukrez I, 430–448.

13 An dieser Stelle bemerkt ein Scholion: »Dies steht auch im ersten Buch von *Über die Natur* und in den Büchern 14 und 15 sowie in der *Großen Epitome.*«

14 Siehe zu diesem Argument auch Betegh 2006. Zur Unteilbarkeit der kleinsten Körper aus epikureischer Sicht siehe auch die Erörterung in Lukrez I, 483–634.

15 Zur Unbegrenztheit des Alls siehe auch Lukrez I, 951–1117.

16 Unbegrenzt sei das All, und zwar in zweierlei Hinsicht: erstens nach der Größe oder Ausdehnung des darin vorhandenen Leeren und zweitens nach der Anzahl der Atome. Die Atome wiederum wiesen unfassbar viele Unterschiede hinsichtlich ihrer Gestalt auf, jedoch seien diese Unterschiede nicht im engeren Sinne des Wortes unendlich oder unbegrenzt viele. Es gebe aber wiederum von jeder Art oder Gestalt von Atomen unbegrenzt viele.

17 Zu dem Problem der verschiedenen Atomgestalten siehe auch Lukrez II, 333–580.

18 An dieser Stelle befindet sich ein Scholion, das lautet: »Weiter unten sagt er, dass die Teilung nicht ins Unendliche gehe. Er sagt (das) aber, weil die Qualitäten sich verändern …« (Der Hinweis auf nachfolgende Ausführungen könnte sich auf Her. §§ 56–57 beziehen). Auf dieses Scholion folgt noch ein (Teil-)Satz, den die einen Editoren (z. B. Bailey) noch zum Scholion zählen, andere (z. B. von der Mühll) aber zum Originaltext des Epikur setzen; dieser Satz lautet: »es sei denn, einer wollte sie auch hinsichtlich der Größen einfach ins Unendliche ausdehnen.« Es scheint, als füge sich dieser Gedanke weder zum Inhalt des Scholion noch zu den vorausgehenden Erörterungen des epikureischen Textes.

19 An dieser Stelle ist folgendes Scholion überliefert: »Weiter unten sagt er, dass sie sich auch mit gleicher Geschwindigkeit bewegen, weil die Leere sowohl dem Leichtesten als auch dem Schwersten dieselbe Nachgiebigkeit gewährt.« Der Hinweis auf nachfolgende Ausführungen könnte sich auf die Diskussion in Her. § 61 beziehen.

20 Zu der epikureischen Theorie der Atombewegung siehe auch Lukrez II, 62–332 sowie in der Einleitung S. XLIII–XLVI.

21 An dieser Stelle ist folgendes Scholion überliefert: »Weiter unten sagt er, dass es hinsichtlich der Atome keine Qualitäten gebe mit der Ausnahme von Gestalt, Größe und Gewicht. In den *Zwölf Elementarlehren* sagt er, dass sich die Farbe mit der Anordnung der Atome ändere; und es komme nicht jede Größe bei ihnen vor; jedenfalls habe man noch nie ein Atom mit der Sinneswahrnehmung beobachtet.« Der Hinweis auf nachfolgende Ausführungen könnte sich auf die Thematik von Her. § 54 beziehen.

22 Die Vielzahl der Welten wird auch in Lukrez II, 1048–1104 thematisiert.

23 Zur epikureischen Theorie der Abbilder (*simulacra*) siehe auch Lukrez IV, 26–238.

24 Die Textgestaltung an dieser Stelle ist kontrovers; die Übersetzung folgt hier dem Text von Bailey, der wiederum auf eine (entfernte) Parallele bei Lukrez IV 205 verweisen kann.

25 Der Text des letzten Teilsatzes wird von Arrighetti als korrupt eingeschätzt.

26 Die Übersetzung orientiert sich an dieser Stelle an der Textgestaltung von LS. Der griechische Ausdruck, der hier mit ›Mitempfindung‹ übersetzt wird, *sympatheia*, kann (neben ›Mitleid‹ und ›Mitgefühl‹, was hier sicher nicht gemeint ist) sowohl die zeitgleiche als auch die qualitativ korrespondierende Empfindung oder Affektion bedeuten.

27 Siehe zu dem ganzen Komplex der Sinneswahrnehmung bei Epikur in der Einleitung S. XLVII–IL. Eine ausführliche Parallele zu dieser Thematik findet sich in Lukrez IV, ab 239.

28 Der ganze Abschnitt nach »dazu meint« wird von verschiedenen Herausgebern (z.B. von der Mühll, LS) für ein später vom Rand in den Haupttext geratenes, möglicherweise korruptes Scholion gehalten. Andere (Bailey) halten nur das folgende, im Anschluss an den übersetzten Text überlieferte Fragment für ein Scholion: »Gemäß einer bestimmten Bewegung in uns selbst, die mit der vorstellenden Hinwendung des Verstandes verbunden ist, aber eine Abweichung enthält, durch die das Falsche entsteht.« Interessant ist die Formulierung »vorstellende Hinwendung« (*phantastikē epibolē*) (siehe hierzu Rist 1972, 32–37). Ein Grund dafür, dass die Bemerkung an dieser Stelle deplatziert erscheint, liegt darin, dass das Thema der divergierenden Bewegung bei fal-

schen Meinungen in Her. § 51 auf kohärentere Weise ausgeführt wird.

29 Für den epikureischen Begriff des ›Kriteriums‹ siehe in der Einleitung S. XXXIX–XLI.

30 Siehe für diesen Begriff in der Einleitung S. XXXIX–XLI.

31 Zur Täuschung und zum Falschen siehe auch KD XXIV.

32 Zum Hörsinn siehe auch Lukrez IV, 524–614.

33 Zum Riechen und Geruch siehe auch Lukrez IV, 673–705.

34 Siehe hierzu auch in der Einleitung S. XLI–XLIII.

35 Zum hier diskutierten Problem der sogenannten Minima siehe das bei LS 9 versammelte Material.

36 Zur Unbegrenztheit der Welt siehe auch schon Her. §§ 41–42.

37 Der Sinn der Passage ist nicht unkontrovers. Zunächst ging es in dem Absatz darum, den absoluten Sinn von ›oben‹ und ›unten‹ zu relativieren und die Vorstellung von einem Obersten und Untersten auszuschließen. Der Satz, der mit »Daher ist es möglich …« beginnt, ist mehrdeutig, insofern nicht ganz klar ist, ob Epikur sagen möchte, dass die Bewegung nach oben und nach unten als eine einzige aufgefasst werden soll oder ob die Bewegung nach oben und die Bewegung nach unten als je eine einzige, also als zwei Bewegungen, aufgefasst werden sollen. Das Anliegen der ersten Hälfte des Paragraphen, die Relativierung von ›oben‹ und ›unten‹, würde eher für die erste Lesart sprechen; der Schlusssatz hingegen spricht deutlich von zwei einander entgegengesetzten Bewegungen und würde daher besser zur zweiten, jedoch nicht zur ersten Lesart passen. Das mag der Grund sein, warum Inwood/Gerson 1994, die sich für die erste Lesart entschieden haben, diesen Schlusssatz erst gar nicht in den Text mit aufnehmen. Denkbar ist jedoch auch eine Lesart des Schlusssatzes, die in einem gewissen Sinne die Bewegung nach oben und nach unten lediglich als zwei entgegengesetzte Richtungen der ›ganzen Bewegung‹ versteht und somit mit der ersten Lesart kompatibel wäre. Bailey sucht nach einer Pointe des Typs, dass, wenn wir von Tausenden von Welten ausgehen, die Bewegung, die in der einen Welt als Aufwärtsbewegung erscheint, in der anderen als eine Abwärtsbewegung wahrgenommen wird. Dies würde wiederum gut zur Relativierungstendenz im ersten Teil des Paragraphen passen; für diesen Sinn jedoch, meint Bailey (215), müssten die Ausdrücke »zu den Füßen« und »zu dem Kopf« vertauscht werden.

38 Das ist das sogenannte Prinzip der ›Isotachie‹, wonach alle Atome dieselbe Geschwindigkeit haben.

39 Zum Begriff der ›Hinwendung‹ (*epibolē*) siehe auch in der Einleitung S. XXXIX–XLI.

40 »Zusammen affiziert werden kann«: *sympathes*, also das Adjektiv zu *sympatheia*; siehe hierzu Anm. S. 82.

41 Siehe hierzu auch in der Einleitung S. XLVI–XLVII. Zu den Stoffen der Seelenatome im Besonderen siehe auch Lukrez III, 262ff. sowie Aetios IV, 3, 11 (Usener 315 bzw. LS 14 C). Nach letzterem Zeugnis besteht die Seele aus vier Stoffen, einem feuerartigen, einem luftartigen, einem windartigen und einem besonderen, namenlosen Stoff, der für die Sinneswahrnehmung zuständig ist.

42 Siehe hierzu auch in der Einleitung S. XXIII–XXV. Zu dem Argument für die wechselseitige Abhängigkeit von Körper und Seele siehe auch Lukrez III, 558–579.

43 An dieser Stelle ist das folgende Scholion überliefert: »An anderer Stelle sagt er außerdem, dass die Seele aus sehr leichten und sehr runden Atomen zusammengesetzt sei, die sich von den Atomen des Feuers erheblich unterschieden; und dass der eine Teil von ihr etwas Vernunftloses sei, was im übrigen Körper verstreut sei, während der andere, vernünftige, Teil in der Brust sei, wie aus den Empfindungen von Furcht und Freude klar hervorgehe; und dass der Schlaf entstehe, wenn die Teile der Seele, die über die ganze Verbindung verstreut seien, zusammengehalten oder zerstreut würden und dann durch die Berührungen zusammenstießen; und dass der Samen vom ganzen Körper komme.«

44 Siehe hierzu wie zu den folgenden §§ auch Lukrez I, 445–482.

45 Zur epikureischen Auffassung der Zeit siehe auch Sextus Empiricus, *Adversus Mathematicos* X, 219–227 (= LS 7 C).

46 An dieser Stelle ist folgendes Scholion überliefert: »Er sagt dies auch im zweiten Buch von *Über die Natur* sowie in der *Großen Epitome*.«

47 Zu den anderen Welten siehe auch Lukrez V, 564–613.

48 Hier ist folgendes Scholion überliefert: »Offensichtlich behauptet er daher, dass die Welten (*kosmoi*) auch vergänglich seien, indem sich ihre Teile veränderten. Und an anderer Stelle sagt er, dass die Erde auf Luft getragen werde.«

49 Hier findet sich folgendes Scholion überliefert: »Aber er sagt im zwölften Buch von *Über die Natur*, dass sie verschieden sind: Die einen sind kugelförmig, die anderen eierförmig, und wieder an-

dere weisen andersartige Gestalten auf; freilich haben sie nicht jede Art von Gestalt. Noch sind sie Lebewesen, die aus dem Unbegrenzten ausgeschieden wurden.« Der erste, in der dritten Person formulierte Satz macht deutlich, dass es sich um ein Scholion handelt, jedoch ist unklar, wie weit sich das Scholion erstreckt. Die meisten Editionen betrachten auch noch die beiden folgenden Sätze »freilich … Gestalt« und »Noch … wurden« als Teil der späteren Einfügung. Weil im letzten dieser Sätze sowie im Anschlusssatz »Niemand könnte nämlich …« von Lebewesen die Rede ist, wurde aber auch angenommen, dass zumindest der letzte der beiden hier im Scholion abgedruckten Sätze zum epikureischen Text gehören müsse, um die Verbindung mit dem Nachfolgenden herzustellen.

50 Die beiden folgenden Bemerkungen hält Bailey wiederum für ein Scholion, von der Mühll hält nur die erste, aber nicht die zweite Bemerkung für einen späteren Zusatz: »Auf ähnliche Weise werden sie darin ernährt. Man muss aber annehmen, dass es sich auf der Erde auf dieselbe Weise verhält.«

51 Die folgenden Überlegungen können als Bruchstücke einer komprimierten Theorie der Kultur- bzw. Zivilisationsentstehung angesehen werden; siehe hierzu ausführlich Lukrez V, 772ff.

52 Die Textstelle ist korrupt, die Übersetzung folgt einem Vorschlag von von der Mühll.

53 Epikur spielt hier auf eine alte Debatte über den Ursprung der Sprache an: Auf der einen Seite stehen die Befürworter des konventionellen Charakters der Sprache, die argumentieren, die Wörter hätten ihre Bedeutung durch Übereinkunft, Absprache oder eben ›Setzung‹ oder ›Einsetzung‹ erhalten, auf der anderen Seite stehen die Befürworter eines natürlichen Sprachursprungs. Die letztere Position wurde in Platons *Kratylos* zumindest in Betracht gezogen, die erstere Position wurde von Aristoteles in *De Interpretatione* eingenommen. Obwohl Epikur zunächst gegen die konventionelle Theorie Stellung nimmt, läuft sein Standpunkt letztlich auf eine vermittelnde Position hinaus, da er beim Ursprung der Sprachentwicklung der Natur, zu einem späteren Zeitpunkt der Sprachentwicklung dann aber der Übereinkunft jeweils eine Rolle einräumt.

54 Der überlieferte Text ist an dieser Stelle uneindeutig; die Übersetzung folgt der Textgestaltung von Bailey.

55 Z. B. ein Gott.

56 Siehe hierzu wie zum Folgenden auch in der Einleitung S. XX–XXII.

57 »Bei den Dingen«: Hier wurde eine Ergänzung des Textes von Bignone vorgenommen, die u.a. Bailey in den Text übernommen hat.

58 Dieser Satzteil ist eigentlich erst für den folgenden Satz überliefert. Von der Mühll hat die in der Übersetzung wiedergegebene Umstellung des Textes vorgeschlagen.

59 Siehe hierzu auch KD I.

60 Siehe hierzu auch in der Einleitung S. XXII–XXIII. Zum Totsein als Zustand der Empfindungslosigkeit siehe vor allem auch Men. §§ 124–125.

61 Siehe hierzu auch KD XVIII.

# Auswahlbibliographie

## Epikur: Textausgaben, Kommentare, Übersetzungen


Arrighetti, G. (Hg.): *Epicuro Opere, griech.*, Turin: Einaudi, ²1973.

Bailey, C. B. (Hg.): *Epicurus. The Extant Remains, griech.-engl.*, Oxford: Clarendon Press, 1926.

Conche, M. (Hg.): *Épicure. Lettres et maximes, griech.-frz.*, Paris: PUF, 1987.

Diano, C. (Hg.): *Epicuri Ethica, griech.-lat.*, Florenz: Sansoni, 1946.

Gigon, O. (Hg.): *Epikur. Von der Überwindung der Furcht: Katechismus, Lehrbriefe, Spruchsammlung, Fragmente, dt., München: Deutscher Taschenbuchverlag, 1991.*

Heßler, J.-E.: *Epikur. Brief an Menoikeus. Edition, Übersetzung, Einleitung und Kommentar*, Basel: Schwabe, 2014.

Inwood, B./Gerson, L. P. (Hgg.): *The Epicurus Reader. Selected Writings and Testimonia, engl.*, Indianapolis: Hackett, 1994.

Krautz, H.-W. (Hg.): *Epikur. Briefe, Sprüche, Werkfragmente, griech.-dt.*, Stuttgart: Reclam, 1985.

Krüger, G. (Hg.): *Epikur. Von der Überwindung der Angst, griech.-lat.-dt.*, Münster: Aschendorff, 1981.

Long, A. A./Sedley, D. (Hgg.): *The Hellenistic Philosophers, 2 Bde., griech.-lat.-engl.*, Cambridge: Cambridge University Press, 1987. [Dt.: *Die hellenistischen Philosophen*, übersetzt von Karlheinz Hülser, Stuttgart: Metzler, 2006.]

Mewaldt, J. (Hg.): *Epikur. Philosophie der Freude, dt.*, Stuttgart: Kröner, ⁵1973.

Nickel, R. (Hg.): *Epikur. Wege zum Glück, dt.*, Düsseldorf/Zürich: Artemis & Winkler, 2005.

Usener, H. (Hg.): *Epicurea, griech.-lat.*, Leipzig: Teubner, 1887.

Von der Mühll, P. (Hg.): *Epicuri epistulae tres et ratae sententiae a Laertio Diogene servatae, griech.*, Leipzig: Teubner, 1922; Nachdruck: Stuttgart 1982.

Zimmermann, B. (Hg.): *Epikur. Philosophie des Glücks, dt.*, München: C. H. Beck, 2006.

## Epikur: Allgemeine Darstellungen und Einführungen

Algra, K./Barnes, J./Mansfeld, J./Schofield, M. (Hgg.): *The Cambridge History of Hellenistic Philosophy*, Cambridge: Cambridge University Press, 1999.

Erler, M.: »Epikur – Die Schule Epikurs – Lukrez«, in: Flashar, H. (Hg.): *Grundriss der Geschichte der Philosophie. Die Philosophie der Antike, Bd. 4: Die hellenistische Philosophie, 1. Halbband*, Basel: Schwabe, 1994, 29–490.

Erler, M.: »Epikur«, in: Ricken, F. (Hg.): *Philosophen der Antike II*, Stuttgart: Kohlhammer, 1996, 40–60.

Euringer, M.: *Epikur. Antike Lebensfreude in der Gegenwart*, Stuttgart: Kohlhammer, 2003.

Forschner, M.: »Epikur. Aufklärung und Gelassenheit«, in: Erler, M./Graeser, A. (Hgg.): *Philosophie des Altertums. Vom Hellenismus bis zur Spätantike. Einführung*, Darmstadt: WBG, 2000, 16–38.

Geyer, C.-F.: *Epikur zur Einführung*, Hamburg: Junius, 2000.

Hossenfelder, M.: *Epikur*, München: C. H. Beck, [3]2006.

Konstan, D.: »Epicurus«, in: Zalta, E. N. (Hg.): *The Stanford Encyclopedia of Philosophy*, 2005.

Krämer, H.-J.: *Platonismus und Hellenistische Philosophie*, Berlin: de Gruyter, 1971.

Morell, P.-M.: *Épicure*, Paris: J. Vrin, 2009.

O'Keefe, T.: *Epicureanism*, Durham: Acumen, 2010.

Otto, W. F.: *Epikur*, Stuttgart: Klett, 1975.

Rist, J.: *Epicurus. An Introduction*, Cambridge: Cambridge University Press, 1972.

Warren, J.: *The Cambridge Companion to Epicureanism*, Cambridge: Cambridge University Press, 2009.

## Epikurs Ethik im Allgemeinen

Cooper, J. M.: *Pursuits of Wisdom*, Princeton: Princeton University Press, 2012, Chapter 5.

Mitsis, Ph.: *Epicurus' Ethical Theory: The Pleasures of Invulnerability*, Ithaca: Cornell University Press, 1992.

Müller, R.: *Die epikureische Ethik*, Berlin: Akademie-Verlag, 1991.

Warren, J.: *Facing Death: Epicurus and his Critics*, Oxford: Clarendon Press, 2005.

Warren, J.: *Epicurus and Democritean ethics: an archaeology of Ataraxia*, Cambridge: Cambridge University Press, 2006.

## Epikurs Lustbegriff

Gosling, J. C. B./Taylor, C. C. W.: *The Greeks on Pleasure*, Oxford: Oxford University Press, 1982.

Held, K.: *Hedone und Ataraxia bei Epikur*, Paderborn: Mentis, 2007.

Nikolsky, B.: »Epicurus on Pleasure«, in: *Phronesis* 46, 2001, 440–465.

## Epikur und die Furcht vor dem Tod

Mitsis, Ph.: »Happiness and Death in Epicurean Ethics«, *Apeiron* 35, 2002: 41–55.

Rapp, Ch. »Tod im Garten. Sterblichkeit und Todesfurcht bei Epikur und den Epikureern«, in: Bormann, F.-J. (Hg.): *Tod und Sterben*, Berlin/Boston: Walter de Gruyter, 2024.

Warren, J.: *Facing Death: Epicurus and his Critics*, Oxford: Clarendon Press, 2005.

## Epikurs Psychologie

Annas, J.: *Hellenistic Philosophy of Mind*, Berkeley: University of California Press, 1994.

Everson, S.: »Epicurean Psychology«, in: Algra, K./Barnes, J./Mansfeld, J./Schofield, M. (Hgg.): *The Cambridge History of Hellenistic Philosophy*, Cambridge: Cambridge University Press, 1999, 542–559.

Konstan, D.: *A Life Worthy of the Gods: The Materialist Psychology of Epicurus*, Las Vegas: Parmenides Publishing, 2008.

Németh, A.: *Epicurus on the Self*, London/New York: Routledge, 2017.

## Epikur und das Problem des freien Willens

Bobzien, S.: »Did Epicurus Discover the Free-Will Problem?«, in: Sedley, D. (Hg.): *Oxford Studies in Ancient Philosophy* 19/2000, 287–337.

Englert, W. G.: *Epicurus on the Swerve and Voluntary Action*, Atlanta: Scholars Press, 1987.

O'Keefe, T.: *Epicurus on Freedom*, Cambridge: Cambridge University Press, 2005.

## Epikurs Erkenntnistheorie

Asmis, E.: *Epicurus' Scientific Method*, Ithaca: Cornell University Press, 1984.

Asmis, E.: »Epicurean Epistemology«, in: Algra, K./Barnes, J./Mansfeld, J./Schofield, M. (Hgg.): *The Cambridge History of Hellenistic Philosophy*, Cambridge: Cambridge University Press, 1999, 260–294.

Jürss, F.: *Die epikureische Erkenntnistheorie*, Berlin: Akademie-Verlag, 1991.

## Epikurs Theologie

Lemke, D.: Die *Theologie Epikurs: Versuch einer Rekonstruktion*, München: C. H. Beck, 1973.

Sedley, D.: »Epicurus' Theological Innatism«, in: Fish, J./Sanders, K. (Hgg.): *Epicurus and the Epicurean Tradition*, Cambridge: Cambridge University Press, im Druck.

## Epikurs Naturphilosophie

Betegh, G.: »Epicurus' Argument for Atomism«, in: Sedley, D. (Hg.): *Oxford Studies in Ancient Philosophy* 30/2006, 261–284.

Furley, D.: *Two Studies in the Greek Atomists*, Princeton: Princeton University Press, 1967.

Morel, P.-M.: *Atome et nécessité: Démocrite, Épicure, Lucrèce*, Paris: PUF 2000.

## Wirkung und Nachleben

Jones, H.: *The Epicurean tradition*, London: Routledge 1989.

Kimmich, D.: »Epikureismus«, in: *Der Neue Pauly. Enzyklopädie der Antike, Rezeptions- und Wissenschaftsgeschichte*, Bd. 13, Stuttgart/Weimar: Metzler 1999, 985–996.

Krämer, H.-J.: »Epikur und die hedonistische Tradition«, in: *Gymnasium* 87/1980, 294–326.

Sedley, D.: *Lucretius and the Transformation of Greek Wisdom*, Cambridge: Cambridge University Press, 2003.

Wilson, C.: *Epicureanism at the Origins of Modernity*. Oxford: Oxford University Press 2008.